ココミル
cocomiru

南紀白浜 熊野古道 高野山

すてきな思い出
作りましょ♪

海と大地が織りなす絶景と 世界遺産の聖地へ

海辺の美しいリゾート地・白浜でかわいいパンダに癒やされ、
海鮮グルメを味わう。古来からの信仰を伝える聖地、
熊野古道・高野山を巡り、神秘な力を感じましょう。

左から：まるでエーゲ海のような白崎海洋公園 (P109) ／ウユニ塩湖のような写真が撮れると話題の天神崎 (P107) ／
水が張られた棚田に空が反射するあらぎ島 (P91)

夕日の景色が神秘的な円月島 (P26)

パンダが人気のアドベンチャーワールド (P20)

パンダの肉まん
ボールチェーン
にキュン (P23)

ドルフィン・ベイスの
イルカショー (P99)

南国ムードが味
わえるCafé ペ
トラの里 (P35)

白浜

可愛いらしいパンダと感動の絶景
南海のリゾート地で心躍る体験を

福菱 Kagerou Cafe
(P34) のバリエーショ
ン豊かな生かげろう

旬のフルーツが
満載の観音山フ
ルーツパーラー
(P107)

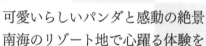

左から：海と空が一望できる露天風呂 (P38) ／40もの奇岩が並ぶ絶景スポット、橋杭岩 (P107)

那智山青岸渡寺と那智の滝（P57）。
滝は飛瀧神社の御神体

遠く海をも見渡す
神倉神社（P53）

朱色の拝殿が特徴の
熊野速玉大社（P52）

竹皮の容器が特
徴的な熊野古道
弁当（P63）

熊野

熊野本宮大社と熊
野速玉大社を結ぶ
世界遺産の川の参
詣道（P50）

良質な純氷で作
られた仲氷店の
宇治抹茶のかき
氷（P69）

深い森に囲まれた神聖な参詣道を歩く
熊野信仰の中心となる3つの聖地へ

熊野本宮大社の
八咫烏おみくじ
（P60）

熊野本宮大社の大斎原（P47）。荘厳な雰囲気が漂う

平安衣装を着て歩く石畳の参詣道（P58）

雲海が広がる熊野の山並み

旬の野菜を使用した高野山の精進料理（P82）

豊臣秀吉が造営した金剛峯寺主殿（P80）

高野山

高野山名物！
濱田屋のごま豆腐（P83）

空海の思想が今なお息づく
密教信仰の総本山

壇上伽藍（P76）の御本尊
である大日如来

麩善（P86）の
笹巻あんぷは
精進スイーツ

香老舗 高野山大師堂
（P86）のお香立て

みろく石本舗 かさ國（P86）の小鈴最中はおみやげに最適

高野山大師教会（P84）
で写経を経験

空海が今なお祈りを捧げる廟が
ある奥之院（P78）

紅葉の朱色と映える根本大塔（P76）

白浜ってどんなところ?

かわいいパンダがお待ちかね、温泉や海の幸も魅力です

太平洋に面した白浜は、白砂の浜が美しい白良浜をはじめ、円月島や三段壁などの名勝や、『万葉集』にも登場する古い歴史をもつ白浜温泉があり、新鮮な海の幸なども味わえる海沿いのリゾート地です。特にパンダファミリーに会えるアドベンチャーワールドが大人気です。

砂浜の白さがまぶしい白良浜。(☞P26) 水晶の原料となるケイ素が混じった砂は、サラサラで真っ白

熊野古道ってどんなところ?

京都と紀伊山地の霊場をつなぐ参詣道です

平安時代、上皇や女院が京の都から山深い紀伊山地の霊場・熊野三山を巡拝した際に通ったのが熊野古道。なかでも紀伊田辺から熊野本宮へ険しい山道を越える中辺路 (なかへち) は最も多くの人が歩いたルート。ほかに大辺路 (おおへち) や紀伊路 (きいじ) などがあります (☞P72)。

熊野本宮大社(☞P46)の神門。神の領域との境目ともいわれ、ここをくぐった先に本殿がある

南紀白浜・熊野古道・高野山へ旅する前に知っておきたいこと

熊野三山や熊野古道、高野山は「紀伊山地の霊場と参詣道」として世界遺産に登録された和歌山の二大聖地。紀伊半島南部の白浜や那智勝浦などの人気観光地も巡りましょう。

白浜へはどうやって行くの?

大阪からなら特急電車で、東京からは飛行機が便利です

新大阪駅から白浜駅までは、JR特急くろしおで2時間30分。東京方面からは、羽田空港から南紀白浜空港まで飛行機で1時間10分。白浜エリアの人気スポットを巡るには路線バスがおすすめです。何度も乗るなら乗り放題の「とくとくフリー乗車券」(☞P18)を活用しましょう。

アドベンチャーワールド(☞P20)などにも行く路線バスで、かしこく巡ろう

熊野古道・中辺路の風景。田んぼに民家が点在する、のどかな里山の景色が楽しめる

おすすめシーズンはいつ?

古道歩きや動物園を楽しむなら気候のよい春・秋がおすすめ

長い山道を歩いたり、アドベンチャーワールドで動物を見て歩いたりするなら、暑さの厳しい夏や雪の降る冬などは避けて、新緑や紅葉が美しい春〜初夏や秋がおすすめです。ほかに白砂の白良浜を、海水浴なら夏を、温泉を楽しむなら冬の時期と、目的に合わせて選びましょう。

熊野三山それぞれの行き方は?

JRきのくに線新宮駅を基点にバスを上手に活用しましょう

新宮駅へは新大阪駅から特急で約4時間20分、南紀白浜空港の最寄り駅・JR白浜駅からは約1時間50分。本宮へは新宮駅前から熊野交通バスで約1時間20分。熊野速玉大社へは新宮駅から徒歩で20分、那智山へは新宮より南にあるJR紀伊勝浦駅から熊野御坊南海バスで約25分です。

駅の中や周辺にある観光協会でアクセスやお得な情報を集めましょう

熊野本宮大社（☞P46）
の主祭神を祀る証誠殿・
結宮・若宮の順に参拝

熊野エリアのみどころは?

熊野三山とよばれる3つの霊場と、それらを結ぶ熊野古道です

熊野三山は熊野本宮大社と熊野速玉大社、熊野那智大社・那智山青岸渡寺の3つの霊場。これらを巡拝するための参詣道が熊野古道です。紀伊山地の大自然に包まれた熊野三山と熊野古道には、うっそうと茂る杉木立や石畳の道が残され、今も神秘的な雰囲気を漂わせています。

熊野速玉大社の梛の大
樹（☞P53）は熊野権
現の御神木とされ、その
葉は旅の安全や縁結び
のお守りにもなるそう

熊野那智大社の樟霊社
（☞P57）。願い事を書い
た護摩木を持って木の胎
内をくぐります

高野山・奥之院（☞P78）へ
の参道途中には墓碑だけで
なく化粧地蔵などのお地蔵
さんも点在

高野山エリアのみどころは?

山上に開かれた聖地に由緒ある寺院や宿坊が集まっています

空海（弘法大師）が約1200年前に真言密教の根本道場として開いた天空の宗教都市、高野山。山内では二大聖地といわれる「壇上伽藍」「奥之院」の参拝、密教美術の鑑賞のほか、瞑想や修行体験ができます。精進料理もぜひ味わってみましょう。宿坊での宿泊もおすすめです。

プラスもう1日観光するなら

海沿いの町は、ドライブもグルメも楽しめます

熊野エリアからは串本での本州最南端ドライブ（☞P100）やテーブルサンゴの観賞、また新鮮なマグロ料理が楽しめる那智勝浦（☞P102）へ。高野山からは真田幸村ゆかりの地、九度山や橋本（☞P90）で歴史探訪を。白浜からなら北上して湯浅（☞P108）や田辺タウン（☞P106）がおすすめ。

本州最南端・潮岬に立つ灯台。太平洋の絶景が眺められる（☞P100）

竹原（☞P102）のマグロ刺身上盛合わせ

喫茶こぶち（☞P63）の天然鮎定食。地元の川でとれる新鮮な鮎

ぜひ味わいたいのは？

水揚げされたばかりの魚介類や、地元産の野菜などがおすすめ

自家栽培の米や地元産の野菜が使用された熊野の山里料理を、豊かな自然に囲まれた店内で存分に味わいましょう。天然の漁場が点在する沿岸部では、那智勝浦のマグロ料理（☞P102）が必食です。高野山では僧侶の食文化から生まれた、見た目も美しい精進料理（☞P82）もぜひ。

ぜひ買いたいものは？

熊野三山の八咫烏がモチーフのお守りや南紀の名産品を

熊野三山の守り神として、いたるところで目にするのが八咫烏。日本サッカー協会のシンボルとしても有名で、八咫烏をモチーフにしたお守りやおみくじも（☞P60）。南紀の名産品なら白浜の銘菓かげろう（☞P36）がおすすめです。白浜の地ビール・ナギサビール（☞P37）もチェック。

熊野本宮大社のお守りは三本足の八咫烏がシンボル

白浜の地ビール、ナギサビール。アメリカンウィートやペールエールなどがあります

南紀白浜・高野山って こんなところ

> 紀伊半島はココ!

和歌山県には世界遺産の「熊野三山・高野山」のほか、パンダで人気の白浜や那智勝浦などの温泉地もあり、みどころ充実です。

紀伊半島の観光地は4つのエリアに分かれます

紀伊山地の雄大な自然に抱かれた山上の宗教都市・高野山。霊場熊野三山と参詣道・熊野古道、パンダに会えるアドベンチャーワールドや温泉もある白浜、本州最南端の景勝地である那智勝浦・太地・串本が主なみどころ。和歌山県内に観光地が点在しているので、目的地を決めて効率よくまわりましょう。

旅の基点をチェック 各エリアによって異なります

紀伊半島は海岸線に沿って電車が走っていて、エリアによって基点駅が異なります。バスやタクシーを組み合わせるのがベター。

アクセスをチェック(☞P110)

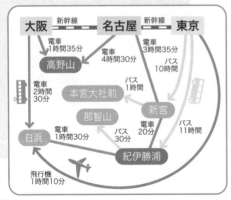

旅のアクセス 🚌

白浜へ行くには?
基点は南紀白浜空港か、JRきのくに線白浜駅です。目的地まではバスもしくはレンタカーを利用します。

高野山町石道
高野山
高野山-ケーブルカー
和歌山県

関西国際空港 ✈
泉佐野IC
泉佐野JCT
阪南IC
阪和自動車道
京奈和自動車道
岩出根来IC
和歌山線
和歌山IC
和歌山駅
海南東IC
海南IC
海南駅
下津IC
有田IC
湯浅IC
湯浅御坊道路
御坊駅
御坊IC
御坊南IC
印南IC
紀伊路
42
371
みなべIC
阪和自動車道
南部駅
南紀田辺IC
紀伊田辺駅
白浜 ①
白浜駅
南紀白浜空港 ✈
アドベンチャーワールド

▲ 白浜でパンダファミリーに会える!

① しらはま
白浜

···P18

白い砂浜に青い海。ハワイのワイキキビーチが友好都市という白浜は、まさに関西屈指のリゾート地。温泉にグルメにパンダ。楽しみが満載です。

▲ 白浜の代表ともいえる景勝地、白良浜

③ こうやさん 高野山

・・・P74

標高900mの山上の宗教都市。麓には古寺社が点在する九度山・橋本があり、南側には日本三美人の湯・龍神温泉もあります。

旅のアクセス

高野山へ行くには？
基点は高野山ケーブルカーの高野山駅。ここから高野山内へはバスで巡ります。

▲ 宿坊では朝の勤行など貴重な体験ができる

▶写経や阿字観などの修行体験もしてみよう

橋本駅

南海高野線

九度山駅

③ 高野山

龍神温泉

0　10km

小辺路

中辺路

大峯奥駈道

伊勢路

熊野本宮大社

② 熊野三山・熊野古道

川の参詣道

新宮駅

熊野速玉大社

南紀白浜IC

大辺路

紀勢自動車道

すさみIC

那智山青岸渡寺

補陀洛山寺

熊野那智大社

紀伊勝浦駅

すさみ南IC

きのくに線

太地駅

④ 那智勝浦・太地・串本

串本駅

② くまのさんざん・くまのこどう 熊野三山・熊野古道

・・・P44

熊野三山とよばれる熊野本宮大社、熊野速玉大社、熊野那智大社・那智山青岸渡寺と、これらを結ぶ熊野古道が通うエリア。

▲ 熊野三山の霊場の一つ、熊野本宮大社

▲ 熊野の自然と歴史を感じられる、人気の熊野古道・中辺路

旅のアクセス

熊野本宮大社へ行くには？
基点はJRきのくに線新宮駅。ここからバスに乗ります。

熊野速玉大社へ行くには？
基点はJRきのくに線新宮駅。駅から徒歩20分です。

熊野那智大社へ行くには？
基点はJRきのくに線紀伊勝浦駅。ここからバスに乗ります。

中辺路へ行くには？
基点の発心門王子へは、JRきのくに線紀伊田辺駅からバスに乗ります。

▶ 串本町と紀伊大島をつなぐ、くしもと大橋

▲ イルカと一緒に泳げる場所もある

④ なちかつうら・たいじ・くしもと 那智勝浦・太地・串本

・・・P98

西日本一のマグロ漁港・勝浦漁港や潮岬などの景勝地、ホエールウォッチングやイルカと遊んだり、食も観光も温泉も楽しめるエリア。レンタカーが便利です。

旅のアクセス

那智勝浦へ行くには？
基点はJRきのくに線紀伊勝浦駅です。

太地へ行くには？
基点はJRきのくに線太地駅です。

串本へ行くには？
基点はJRきのくに線串本駅です。

ここから観光

10:00 アドベンチャーワールド

空港や駅から車（バス）で10分。ジャイアントパンダなどの動物に合えるレジャースポット（☞P20）。

10:30 パンダラブ

パンダファミリーの子どもたちが、ココで元気に暮らしています。

子どもパンダに会える！

11:20 マリンライブ

パンダファミリーの末っ子楓浜。目尻の黒い部分がはね上がっているのがポイント。

11:20 マリンライブ

イルカショーやアトラクションなど、園内はみどころ満載。時間を決めて上手に巡ろう。

13:30 海鮮ランチ

白浜でランチ。バス停臨海からすぐの「伊勢海老・活魚料理 珊瑚礁」へ（☞P33）。

おみやげ選び

15:30 とれとれ市場

白浜の海の幸が集結する「とれとれ市場」（☞P30）。おみやげも豊富に揃います。

16:30 海辺をドライブ

円月島（☞P26）の見える海岸までドライブ。夕日に浮かぶシルエットがステキです。

今日はここにステイ

18:00 お宿

INFINITO HOTEL & SPA 南紀白浜（☞P39）で極上ステイ。

おはよう

10:30 熊野古道館

白浜から中辺路まで車で約1時間20分。途中、「熊野古道館」（☞P68）で情報集めを。

11:30 鮎料理のランチ

熊野本宮大社へ向かう途中の「喫茶こぶち」（☞P63）で鮎料理をランチで満喫。

天然鮎定食では4匹の鮎を塩焼きと甘露煮で楽しめます。めはり寿司もおすすめ。

13:00 熊野本宮大社

熊野古道歩きの目的地、熊野本宮大社（☞P46）へ。熊野三山の霊場の一つ。

2泊3日で
とっておきの南紀の旅

人気の観光地白浜、熊野本宮大社や大斎原といった聖地、そして高野山へ。
このエリアはレンタカーで巡るのが便利です。
白浜はオーシャンビュードライブを楽しみ、高野山内は徒歩でまわりましょう。

かわいくてご利益のあるお守りやおみくじを見つけました。（P60）

14:00 大斎原（おおゆのはら）

高さ33.9mの大鳥居がそびえる大斎原（☞P47）。熊野本宮大社の旧社地。

16:30 湯の峰温泉

熊野詣の旅人が身を清め疲れを癒やした温泉地。世界遺産のつぼ湯（☞P64）へ。

今日はここにステイ

17:00 お宿

本宮温泉郷・川湯温泉の老舗宿「冨士屋」（☞P67）。熊野モダンルームが人気。

3日目　おはよう

10:00 高野山駅

熊野から高野山へ車で約2時間30分ほどでたどり着きます。

10:15 大門

高野山巡りは大門（☞P81）からスタート。開山以来の表玄関で西の端にあります。

10:30 壇上伽藍（だんじょうがらん）

高野山で最初に開かれた聖地。根本大塔や金堂など堂塔が立ち並ぶ（☞P76）。

11:00 金剛峯寺（こんごうぶじ）

全国の高野山真言宗の総本山。主殿や新別殿、石庭などが拝観できます（☞P80）。

12:30 精進料理ランチ

明治時代創業の高野山料理の老舗、花菱（☞P82）で精進料理をいただきます。

13:30 奥之院（おくのいん）

弘法大師の御廟を中心とした重要な聖地。御廟橋を渡る前には一礼を（☞P78）。

15:00 高野山霊宝館（こうやさんれいほうかん）

高野山の各寺院に伝わる仏像や古文書などを保存管理、公開しています（☞P81）。

おかいもの終了!

御菓子司 さゞ波、高野山大師堂や麩善などでおみやげやお菓子を（☞P86）。

行きたい場所はほかにもいっぱい

3泊4日なら、みなべもおすすめです。

南高梅の名産地・みなべ町へ

田辺市の西隣に位置する「みなべ町」は梅の特産地。大きくて肉厚な「南高梅」は全国的に有名。丘陵地には梅林が広がり、町内各所に梅干し工場などもあり、見学できる工場もある。道の駅みなべうめ振興館（MAP P118B2）などでは、さまざまな加工品も販売している。

ココミル*
cocomiru

南紀白浜
熊野古道 高野山

Contents

●表紙写真
アドベンチャーワールド（P20）のバンブーパンダ、熊野本宮大社（P46）の八咫烏おみくじ、白良浜（P26）、福菱 Kagerou Cafe（P34）の「生かげろう」、フィッシャーマンズ・ワーフ白浜（P31）の海鮮丼、熊野古道・大門坂（P58）、熊野本宮大社（P46）、天神崎（P107）、高野山奥之院御廟橋（P78）

山上に開かれた天空の宗教都市
高野山をお参りしましょう …73

高野山 …74

〈マーク〉
🏯🌸🏛 観光みどころ・寺社
♨ プレイスポット
🍴 レストラン・食事処
🍶 居酒屋・BAR
☕ カフェ・喫茶
🛍 みやげ店・ショップ
🏠 宿泊施設

〈DATAマーク〉
☎ 電話番号
🏠 住所
¥ 料金
🕐 開館・営業時間
休 休み
交 交通
P 駐車場
室 室数
MAP 地図位置

真っ青なビーチが続く、白良浜ビーチ

アドベンチャーワールドの楓浜

寿司割烹 幸鮨の日替わりちらし寿司

幸梅漬本舗 池本商店の幸梅漬

臨海浦にある小島、円月島

インフィニティ露天風呂から海を望む

入江に望む、福菱 Kagerou Cafe

とれとれ市場でおもやげ探し

アドベンチャーワールドではイルカショーも

夕方、日に染まる千畳敷

かわいいパンダに会いに白浜へ
お魚グルメや温泉も楽しみな
ビーチリゾートです

一番のお目当てはやっぱりパンダファミリー。
ゆる〜いパンダのしぐさに心和んだら、
太平洋の海を望む白浜温泉でほっこり。
とれたての海鮮グルメも見逃せません。

これしよう！

白良浜や円月島、三段壁など、海岸線に点在する景勝地はぜひ見ておきたい。外湯巡りが楽しめる温泉やパンダファミリーで有名なアドベンチャーワールドも要チェック！

白浜はココにあります！

白浜での access

●明光バスのお得なとくとくフリー乗車券でバス乗り放題
白浜駅と、三段壁や円月島などの観光スポットを結ぶ路線バスが乗り放題に。白浜駅→白良浜は340円なので4回乗ればオクに。白浜観光案内所、白浜バスセンターなどで販売。
☎0739-42-3378(明光バス)
¥1日券1100円、2日券1600円、3日券1900円

```
                    白
              セ   良
          まンブ走浜
          ぶタり
      湯湯ー湯      三段壁
      崎    浜      方面行き
              2分2分1分 4分  1分
  新湯崎        すぐ        旭ヶ丘
       1分                 2分
  草原の湯              臨海    とれとれ  桃
       1分             2分    市場   ノ
  千畳口              江津良        木
       1分             4分    車庫  峠
  南千畳            白浜桟橋        前
       1分             2分
  三段壁            古賀浦
                       1分
        6分      寒サ浦
  白浜空港              2分        2分 1 1 3 白
       6分   町内循環線   11分         分分分 浜
アドベンチャー                              駅
  ワールド                8分
```

※主要なバス停のみ記しています。

■問合せ
白浜町観光課　☎0739-43-6588
南紀白浜観光協会　☎0739-43-5511
明光バス　☎0739-42-3008(平日)
　　　　　☎0739-42-3378(土・日曜、祝日)

関西屈指のマリンリゾートへ

白浜

しらはま

愛らしいパンダの形のクッキー
(☞P36)

太平洋に面し、青い空と海、白砂のビーチ、白良浜で知られるリゾート地。人気のパンダはアドベンチャーワールドへ。夏の海水浴はもちろん冬にはクエ料理、温泉、新鮮な魚介など一年を通して楽しみが盛りだくさん。

♣ お得情報 ♣

JR白浜駅から白浜温泉までは、白浜温泉協同組合の無料シャトルバスが出ています。

～白浜はやわかりMAP～

観光のヒント

白浜をめいっぱい楽しむ なら1泊2日がベター

円月島や三段壁などの景勝地や温泉を巡るなら日帰りできるが、アドベンチャーワールドはここだけで半日は必要。とれとれ市場にも立ち寄りたい。

とれとれ市場

西日本最大級の海鮮市場。新鮮な魚介をはじめ、特産品も取り揃えている。

白浜

2 京都大学 白浜水族館 (☞P26)

1 円月島 (☞P26)

3 白良浜 (☞P26)

4 千畳敷 (☞P27)

5 三段壁・三段壁洞窟 (☞P27)

白浜海中展望塔

展望塔の窓から、水深8mの海中で泳ぐ魚たちを眺められる。☎0739-43-1100、入場800円、9～16時受付。

アドベンチャーワールド

人気のジャイアントパンダファミリーに会えるレジャースポット。

N 0 500m

田辺湾

白浜駅

トウゲ島
塔島
中瀬
大ぐそ
安達藤九郎盛長神社
本覚寺
瀬戸湾
熊野鷹稲荷
御幸通り
常喜院
喩賀神社
網不知湾
熊野三所神社
銀座通り
銀砂通り
清願寺
白浜町役場
鉛山湾
金徳寺
来迎寺
山神社
太刀ヶ谷神社
修心院金閣寺
白浜金閣寺
白浜町
平草原展望台
白浜ゴルフ倶楽部
平草原
白浜スカイライン
旧空港跡地
南紀白浜空港
アドベンチャーワールド
藤島
細野湾
JRきのくに線
国道42号へ／朝来駅へ
白浜海中展望塔
大島

おすすめコースは

🕐 **4時間30分**

円月島、白良浜、千畳敷、三段壁と、海岸線に沿って点在する絶景スポットをバスでぐるっと巡るコース。景色を楽しみながらのドライブもおすすめ。

スタート	1	2	3	4	5	ゴール
JR白浜駅	見学 円月島	見学 京都大学白浜水族館	見学 白良浜	見学 千畳敷	見学 三段壁・三段壁洞窟	JR白浜駅
	▶ バス17分	▶ 徒歩7分	▶ 徒歩7分	▶ バス6分	▶ バス2分	▶ バス24分

人気のパンダファミリーに会いたい！
アドベンチャーワールドのパンダラブへ

4頭のパンダファミリーが元気で暮らすアドベンチャーワールド。
気持ちを和やかにしてくれる、愛嬌たっぷりの姿を楽しみましょう。

あどべんちゃーわーるど
アドベンチャーワールド

大人気のパンダに会える
動物ふれあいテーマパーク

南紀白浜空港からすぐの80万㎡の広大な
敷地に、動物園と水族館、遊園地の魅力が
詰まったスポット。野生に近い環境で動物
たちが暮らすサファリワールドやライブパフ
ォーマンスが魅力のマリンワールドがあり、
パンダラブやブリーディングセンターでは
国内最多飼育数を誇る4頭（2023年9月
現在）のジャイアントパンダを観察できる。

☎0570-06-4481（ナビダイヤル）🏠白浜町堅田
2399 ¥1日券：5300円、2日券：9300円 🕙10
時～17時（季節により異なる）🛌不定休（要確認）
🚌JR白浜駅からアドベンチャーワールド行きバス
で10分、終点下車すぐ Ｐ5000台（1日1200円）
🄼🄰🄿P123D4

こんなふうに
過ごしています

▲頭のとんがりがチャームポイント
の結浜。パンダラブで会える

パンダラブと
ブリーディングセンターで
パンダに会える！

屋内と屋外に設けられた運動場で、パンダ
が竹を食べたり遊んだり昼寝したりする様
子が見学できる。竹を食べたり遊んだり、
お昼寝したり、愛らしいその姿に夢中に！

▶パンダラブはエントランスにほど近い
場所にある ▼とても可愛いいおてん
ばぶりを発揮する彩浜

園内マップ

ブリーディング
センター
草食動物
ゾーン
サファリワールド
肉食動物
ゾーン
マリンワールド
マリンウェーブ
ふれあい
プール
わんわん
ガーデン
モンキー×モンキー
鳥の楽園
アニマルランド
エンジョイ
ドーム
プレイゾーン
ふれあい広場
海獣館
センタードーム
ふれあいの里
エンジョイワールド
エントランス
ドーム
ふれあい広場
ファミリー
広場
ホースキャンプ
帰 入
り 口
口
パンダラブ

一番の新顔は
2020年11月に
生まれた楓浜

パンダファミリーの末っ子楓浜。一般公開されても臆することなく、好奇心旺盛でいろいろなものに興味津々。結浜と同じく頭の毛が立っているところと目尻の黒い部分がはね上がっているのがチャームポイント。2023年3月、体重は約77kgに！

白浜 ● アドベンチャーワールドのパンダラブへ

結浜・楓浜の
2頭が暮らす

パンダラブ
PANDA LOVE

エントランスからすぐの場所にある施設。入園開始時間の直後から多くの人が訪れる人気施設だ。屋内外の3つの運動場があり、結浜と楓浜の2頭が、竹を食べたり遊具によじ登ったり、お昼寝したり…と、それぞれがのんびりと暮らす様子を見ることができる。

\ ココで暮らす 2頭のパンダ！ /

ふうひん
楓浜 ♀　　　ゆいひん
結浜 ♀

良浜・彩浜の
2頭が暮らす

ぶりーでぃんぐせんたー
ブリーディングセンター

10頭を産み育てたベテラン母さんパンダの良浜。2頭が暮らす様子を屋内外の運動場で観察できる。ガラス張りの飼育施設とは異なり、堀の向こう側にいるパンダに声をかけてみるとなんだか振り返ってくれそうなほど近さを感じる。

\ ココで暮らす 2頭のパンダ！ /

さいひん
彩浜 ♀　　　らうひん
良浜 ♀

※諸般の事情により、入場制限や屋内施設観覧の休止などをする場合があります。

21

もっとパンダのこと知りたい！
パンダのアレコレQ&A

見た目のかわいらしさ以外にも、たくさんの魅力があるパンダ。
そんなパンダの疑問を、飼育スタッフに教えてもらいました。

Q1
パンダはなぜ白黒横様なの？

保護色、体温調節、敵に警戒心を持たせるなど理由はいろいろ。正確にはわかっていませんが、雪の中で白が周囲に溶け込む保護色、熱エネルギーを吸収しやすい黒が目や耳の血液循環をよくする体温調節、黒い目の部分が大きく見え他に脅威を抱かせるなどといわれています。

Q2
白黒の横様になるのはいつ？

生後1カ月ごろです。体毛が生える前は、キレイなピンク色の赤ちゃんパンダですが、徐々に体毛が生え揃い、生後約1ヵ月でトレードマークでもある白黒のツートンカラーになるといわれています。

Q3
パンダは鳴くの？

約10種の鳴き声があります。声を出さないイメージのパンダですが、お腹がすくと「メ〜」とエサをおねだりしたり、怒ると「ワン！」「キャン！」と犬に似た鳴き声を発します。

Q4
パンダの指は何本？

5本の指以外に「偽の指」とよばれる2本の指があります。偽の指とは、パンダが竹をしっかりと手で握って食べるために、手首の根本にある骨が進化してできた突起が「第6の指」、小指側にできた突起が「第7の指」といわれています。

Q5
パンダの歯は何本？

42本、キバもあります。奥歯の大きさは人間の7倍もあり、この歯で固い竹を食べます。1歳ごろに乳歯から永久歯へと生え変わりだし、竹を食べ始めます。元肉食であったパンダには犬歯もあります。

Q6
パンダがぐうたらなのはなぜ？

体力消耗しないように過ごしているからです。主食である竹の栄養価が低いことと、かつて肉食だったパンダの消化器が草食に対応しておらず、栄養を吸収しきれないからです。大きなパンダは少ない栄養で動かなくてはならず、ぐうたらになります。

＼連れて帰って！／
かわいいパンダグッズ

パンダクッキー
12枚入り750円
「今日は何が楽しかった？」とパンダが語らい合うパッケージがかわいいクッキー

パンダ羊羹
1350円
パンダファミリーがデザインされたパッケージに注目の詰め合わせ

ショコラdeパンダ
10個入り1180円
パンダの表情が愛らしいシャリシャリした食感の焼きチョコレートが箱の中に詰まってます

ランチボックスプリントクッキー
10枚入り950円
お弁当箱として使えるパッケージの中に、パンダ柄のクッキーが入っています。

📎 📷
園内の
パンダデザインを
探そう！

ブリーディングセンターの屋外にあるパンダのモニュメント

パークスタッフの帽子。園内のショップで購入できる

センタードームにはパンダ型のベンチがお出迎え

Q7
パンダは冬眠するの？
クマの仲間ですが、冬眠はしません。冬眠はエサが乏しくなる冬を乗り切るための手段。パンダが主食にしている竹は、一年中安定して食べられるので、冬眠する必要がないのです。

Q8
野生のパンダが生息する国は？
ご存知！中国です。特に四川省の西北部を中心に同省西部、西南部の森林地帯に生息。世界三大珍獣の一つで、一時は絶滅の危機に瀕していたこともあります。

Q9
アドベンチャーワールドが国内最多のパンダ飼育数を誇るのはなぜ？
パンダ繁育研究の最前線に立つ施設だからです。平成6年（1994）から中国の成都ジャイアントパンダ繁殖研究所の日本支部に認定され、日中共同研究を進めるなかで、中国以外では世界一の研究所として自然繁殖に成功しています。

Q10
アドベンチャーワールドに暮らすパンダの家族構成を教えて
ジャイアントパンダは4頭（2023年8月現在）。お母さんパンダ「良浜」とその子どもたちです。

永明♂（現在は中国） ── 良浜♀ 2000年9月6日生まれ

楓浜♀ 2020年11月22日生まれ　彩浜♀ 2018年8月14日生まれ　結浜♀ 2016年9月18日生まれ

Q11
パンダは双子が多い？
パンダは一度に1〜2頭の赤ちゃんを産みます。ただし双子は、自然界では一緒に成長することはまれです。アドベンチャーワールドだけでなく、一般的に双子を育てるときは、1頭ずつ母親に渡して育てています。平成26年（2014）12月に生まれた桜浜・桃浜（ともに現在は中国）も双子として誕生、たっぷり愛情を受け育ちました。

ショッピングバッグ
Sサイズ800円
アドベンチャーワールドでもおなじみの16種の動物たちが集まったカラフルなバッグ。

パンダ肉まんボールチェーン
620円
「パンダ肉まん」の形をしたかわいいマスコット。ふかふかの手ざわりに癒やされます。

シュシュ3個セット
2000円
アドベンチャーワールドで人気の3匹がとても可愛らしいシュシュになり登場。

パンダバンブータンブラー
1400円
パンダが食べなかった竹を有効利用してできたタンブラー。ビールの泡立ちがとてもいい。

📖 永明は2023年8月現在、15頭のパンダの父親で「現在の飼育下で自然交配して繁殖した世界最高齢のジャイアントパンダ」の記録を更新中です（永明は、2023年に中国へ返還）。

パンダ以外の魅力もたくさん
アドベンチャーワールド4つのゾーンをご案内

動物たちが自然のままに暮らすサファリワールドや、イルカが泳ぐマリンワールド、
遊園地の乗り物が楽しめるエンジョイワールドなど、パンダのほかにも魅力がいっぱい。

サファリワールド

世界各国の動物たちが、肉食・草食の各ゾーンに分かれたエリアで暮らす。ふれあい、周遊ツアー、食事タイムなど楽しみ方はいろいろ。

巨大だけど人懐っこいアフリカゾウ

サファリWOW!ツアー

近くまで寄ってエサやり体験ができるアニマルフィーディングは、動物たちを間近に見られるチャンス。

サイ
エサを見せればのっしりと近づき、顔を突き出してくれる。体重2tもある大きな体に注目。有料。※

▶迫力あるけど、モグモグと食べる姿は意外にもキュート

アフリカゾウ
ニューッと伸びる長〜い鼻に手渡しでエサやりができる。フルーツや野菜などを見せて、鼻が伸びてきたらシャッターチャンス！有料。※

キリン
キリンの目線と同じ高さのテラスでふれあいタイム。エサを購入すれば、エサやりもできる。有料。※

▲キリンの大きな顔がすぐそこに

▶獰猛なイメージのライオンがお昼寝する姿も

ライオン
豪快にエサを食べる姿を目の前で見学できる。野生さながらの暮らしぶりから、百獣の王ライオンの魅力が感じられる。有料。※

ケニア号

「草食・肉食動物ゾーン」を無料で巡る。目の前で動物たちが食事をする光景も見られるかも。

▲汽車を模した乗り物は約130席

スタート！

おすすめコース 1DAYプラン

パンダラブなどの人気エリアはもちろん、エンジョイワールドのアトラクションなど1日で効率よく巡る、おすすめプランをご紹介。

10:00
入園
▶園内MAPとアトラクションの時間をチェックして、まわり方を決めよう

10:15
パンダラブでパンダに会う！
まずはパンダラブへ。朝一番で元気に遊ぶ結浜と楓浜に会いに行こう！

11:15
ビッグオーシャンでマリンライブ観覧
イルカやクジラとトレーナーたちが繰り広げる感動のライブパフォーマンスを楽しもう

※フィールディング（動物の餌やり）やアトラクションの料金は未定で、休止・変更の場合があります

マリンワールド

マリンライブが開催される「ビッグオーシャン」、カリフォルニアアシカやペンギンたちが暮らす「海獣館」など海の動物たちと出合える

マリンライブSmiles

海を望むビッグオーシャンで繰り広げられる大人気アトラクション。1日数回、約20分間のライブでは、イルカとクジラがハイジャンプや立ち泳ぎを披露。拍手喝采のパフォーマンスに感動。

▲イルカたちの豪快なパフォーマンス

イルカおやつタイム

プールサイドからイルカが華麗におやつをキャッチする年齢問わず人気のアトラクション。有料。※

▲スタッフとイルカたちの息もピッタリで感動的

◀イルカとふれあおう

ペンギン食事タイム

毎日10分ほど開催される飼育員さんがペンギンの解説をしながら魚を与えている

▼さまざまなペンギンの食事シーンを観察

プレイゾーン

大人気のジェットコースターや観覧車など、ライド系アトラクションが勢揃い。屋根がある全天候型の敷地内で、思う存分楽しもう。

▼全ゴンドラには車いすも乗車可能。空中散歩を楽しもう！

ビッグアドベンチャーコースター

園内の上空をぐるっと駆け巡る、スリル満点のジェットコースター。サファリワールドの上空も走り抜ける。有料。※

▶園内でも最速のハイスピードコースターに大絶叫

オーシャンビューホイール

カラフルな巨大観覧車からは、その名のとおり太平洋の大海原を見渡せる。シースルータイプなどバリエーション豊か。

エンジョイワールド

「ホースキャンプ」と「ふれあい広場」ではカバのおやつタイムやカワウソたちとのふれあいなど多彩なイベントがある。

▼気軽に乗馬体験にチャレンジを

ゴシキセイガイインコおやつタイム

おやつを持ってインコのいるエリアへ。色鮮やかなゴシキセイガイインコが手や肩に集まってきて感激！有料。※

▶おやつの容器にインコが集まってくる

チャレンジホース

乗馬が初めての人を対象にしたアトラクション。馬との出合いから乗馬までをスタッフがサポート。馬と心を通わせながら手綱を持って騎乗して、コースをまわることができる。所要時間30分、有料。※

12:00	13:00	14:00	15:00	ゴール！
アニマルランドでアニマルアクション	パン工房でランチ	サファリワールドでウォーキング	ふれあい広場で動物に癒やされる	
アシカからイヌ、コツメカワウソ、インコまで、さまざまな動物が登場するコミカルライブ	ランチに食べたいのが人気メニュー「パンダバーガー」1200円（ドリンク付き1580円）	自然あふれる草食動物ゾーンをゆっくりお散歩。ウォーキングサファリは1周約50分	カバ、カワウソや、インコとの多くの動物とのふれあいが体験できる	

※諸般の事情により、動物とのふれあいやエサ体験、ケニア号などのアトラクションは休止、または変更される場合があります。

潮風を浴びながら海岸ドライブ
白浜の名所を巡りましょう

白浜の海岸沿いを走る県道34号は、絶好のドライブロード。
広大な海を間近に眺めつつ、点在する絶景スポットを巡りましょう。

START! JR白浜駅

所要時間	ドライブルート													
約5時間	START JR白浜駅	→約6.8km15分	① 円月島	→約350m1分	② 京都大学白浜水族館	→約2km5分	③ 白良浜	→約270m1分	④ cafe ZIN	→約280m1分	⑤ 白浜エネルギーランド	→約2.1km6分	⑥ 千畳敷	→約650m3分	⑦ 三段壁・三段壁洞窟	→約8km13分	GOAL JR白浜駅

① 円月島 （えんげつとう）

ぽっかり空いた穴に注目

臨海浦に浮かぶ高さ25mの小島で、中央の海蝕洞（かいしょくどう）が特徴。この穴が満月の形をしているため円月島という愛称になったという。夕陽の美しさから「和歌山の朝日・夕陽100選」に選ばれている。
☎0739-43-6588（白浜町観光課）🏠白浜町3740 💰⏰休見学自由 🚉バス停臨海から徒歩すぐ P30台 MAP P122A1

①春分と秋分のころは夕日が穴に納まる神秘的な光景も ②海岸近くにあるのでドライブをしながら眺められる

② 京都大学白浜水族館 （きょうとだいがくしらはますいぞくかん）

白浜の多彩な海の生き物たちに会える

白浜周辺の海にすむ魚と無脊椎動物にこだわった水族館。エビやサンゴ、全長1mを超えるロウニンアジなど約500種を展示。
☎0739-42-3515 🏠白浜町459 💰600円 ⏰9～17時（16時30分最終受付）休なし 🚉バス停臨海から徒歩5分 P40台 MAP P122A1

③ 白良浜 （しららはま）

真っ白ビーチと青い海

関西屈指のリゾート海水浴場として知られる全長620mの遠浅の浜で、真っ白でサラサラの砂が特徴。夏にはカラフルなパラソルとヤシの木が並び、トロピカルムード満点。
☎0739-43-6588（白浜町観光課）🏠白浜町864 💰⏰休見学自由 🚉バス停白良浜から徒歩すぐ P60台（夏期有料）MAP P122B2

▲粒がきめ細かく、真っ白な砂浜が続く

海上から間近に望む円月島

臨海浦沿岸から円月島を巡る遊覧船「南紀白浜グラスボート」はガラス張りの船底から魚やサンゴ礁を見ることができる。所要時間は約25分。
☎0739-42-2122 **MAP** P122A1

▲岩盤の上を実際に散策してみよう

⑥ せんじょうじき
千畳敷

長い歳月が生んだ岩畳の自然美

約6500万〜180万年前の地層が長い歳月の間に浸食され、階段状の岩盤になっている。海に向けてスロープ状にせり出しているから、白くやわらかい岩盤の上を歩きながら、太平洋の美しい景色を眺めることができる。

☎0739-43-6588（白浜町観光課）住白浜町2927-319 ¥時休見学自由（荒天時不可）交バス停千畳口から徒歩3分 P30台 **MAP** P122A3

⑤ しらはまえねるぎーらんど
白浜エネルギーランド

不思議な体験で童心に返ろう

人とエネルギーがテーマの体験型テーマパーク。映像体験、健康体験、不思議体験など、遊びながら学べるアトラクションがいっぱい！

☎0739-43-2666 住白浜町3083 ¥2000円 時10時〜16時30分 休季節により変動あり、詳しくはHP参照 交バス停白良浜から徒歩すぐ P280台 **MAP** P122B2

⑦ さんだんぺき・さんだんぺきどうくつ
三段壁・三段壁洞窟

岩肌を打つ荒波がダイナミック

約2kmにわたって断崖絶壁が切り立ち、荒波が岩肌に砕け散る様子など、ダイナミックな景色が見学できる名所。断崖の地下には熊野水軍が船を隠したといわれる洞窟があり、地下36mまでエレベーターで下りて見学できる。

①断崖絶壁の地下に、太平洋に向かって伸びる洞窟があり見学ができる ②洞窟内では時間帯によって海水が噴き上がり、潮吹き岩などの自然現象が楽しめる

☎0739-42-4495（三段壁洞窟）交白浜町2927-52 ¥周辺自由（洞窟入洞は1300円）時見学自由（洞窟は8〜17時、最終受付は16時50分）休不定休（洞窟は荒天時休）交バス停三段壁から徒歩すぐ P30台 **MAP** P122A4

GOAL!

JR白浜駅

④ かふぇ じん
cafe ZIN

長年愛されるカフェ

陽光が差し込む空間は、白良浜散策の休憩にピッタリ。サイフォンで淹れたコーヒー400円は、人気のベーグルサンド600円と相性抜群。

☎0739-34-2969 住白浜町1366-6 時9〜23時 休木曜 交バス停白良浜から徒歩3分 P5台 **MAP** P122B2

塔島 四双島 臨海浦 円月島① ②京都大学白浜水族館 畠島 紀伊新庄へ→ 大蛇島 田辺湾 田辺市
御幸通り 瀬戸崎 藤島 34 N 1km 国道42号へ→
cafe ZIN④ 鉛山湾 34 33 31 朝来駅へ→
白良浜③ 白浜海中展望台 ●白浜町役場 白浜町 白浜スカイライン 33 31 白浜駅 紀勢本線
千畳敷⑥ ⑤白浜エネルギーランド 34 平草原
白浜ゴルフ倶楽部 33 アドベンチャーワールド 国道42号へ→
三段壁 三段壁洞窟⑦ 34 南紀白浜空港 紀伊富田駅へ→

オーシャンビューも楽しめる
白浜温泉の外湯巡り

白浜温泉は、飛鳥・奈良時代からの古い歴史をもつ海辺の温泉観光地。
ここでは気軽に楽しめる温泉施設を紹介します。 宿泊は▶P38参照

白浜外湯巡りって
どんなもの？

外湯とは、宿泊施設をもたない、日帰りで入浴する公衆浴場のこと。白浜町内には5つの浴場があり、ハシゴして楽しむ外湯巡りがおすすめです。

※入浴時間は、時期により変動するほか、町民優先の利用時間帯がある場合がありますのでご注意ください。

▶湯船（右端）のすぐ目の前に大海原が広がる崎の湯。満潮時には波しぶきが飛ぶことも

さきのゆ
崎の湯

雄大な太平洋にせり出した岩場にある露天風呂。1300年以上前の飛鳥・奈良時代の湯壺といわれ、宮人も入浴していたと伝えられている。

☎0739-42-3016 住白浜町1668 ⏰8～17時（4～6・9月は～18時、8月は7～19時）休無休（臨時休業あり）交バス停湯崎から徒歩3分 P15台 MAP P122A3

立ち寄り湯データ
料金500円
・シャンプー…×
・石鹸／ボディソープ…×
・フェイスタオル…○（有料200円）
・バスタオル…×

大海原が望める豪快な露天風呂

❶露天風呂から夕日が眺められる ❷入口を抜けるとすぐに海が

しららゆ
白良湯

白良浜の松林にあり、2階にある浴場から美しい海原が見渡せる。太陽が水平線に沈むダイナミックな景観は必見。

☎0739-43-2614 住白浜町3313-1 ⏰7～10時30分（町民のみ）16～22時 休木曜 交バス停白浜から徒歩1分 P6台 MAP P122B2

立ち寄り湯データ
料金420円
・シャンプー、リンス…○（有料各40円）
・石鹸／ボディソープ…○（有料40円）
・フェイスタオル…○（有料200円）
・バスタオル…×

窓越しに太平洋の大パノラマ

❶湯船から真っ青な海と空、美しい夕日が望める❷ビーチから徒歩すぐ。1階は休憩スペース

白浜の宿や外湯の温泉で湯めぐりを

加盟の宿や外湯(崎の湯・牟婁の湯・白良湯)で入浴できる「南紀白浜温泉 湯めぐり」。湯めぐり札1800円シール5枚付(施設によりシール1〜2枚必要)は各施設で販売。白浜温泉旅館協同組合 ☎0739-42-2215 MAP P122B2

むろのゆ
牟婁の湯

崎の湯と並ぶ、白浜を代表する公衆浴場。浴室には2つの湯船があり、泉質の異なる2つの源泉、砿湯源泉と行幸源泉の湯をそれぞれ楽しめる。

☎0739-43-0686 住白浜町1665 時7〜22時 休火曜 交バス停湯崎から徒歩2分 P5台 MAP P122B3

♨立ち寄り湯データ
料金420円
・シャンプー…○(有料40円)
・石鹸／ボディソープ…○(有料40円)
・フェイスタオル…○(有料200円)
・バスタオル…×

まつのゆ
松乃湯

地元の人たちに愛される下町情緒あふれる公衆浴場。一見、公民館風な建物の中に円月島を眺められる浴場がある。

☎0739-43-0988 住白浜町743-1 時13〜21時 受付 休火曜・第3水曜 交バス停白浜バスセンターから徒歩3分 P13台 MAP P122B2

♨立ち寄り湯データ
料金300円
・シャンプー&リンス…○(有料100円)
・石鹸…○(有料30円)
・フェイスタオル…○(有料200円)
・バスタオル…×

しらすな
しらすな

白良浜海水浴場からすぐの温泉。一度に100人が入れる水着用の混浴露天風呂だ。

☎0739-43-1126 住白浜町864 時時期により営業日・時間・料金が大きく異なります。詳しくは要問い合わせ 交バス停白浜からすぐ Pなし MAP P122B2

♨立ち寄り湯データ
料金200円
・シャンプ&リンス…×
・石鹸／ボディソープ…×
・フェイスタオル…×
・バスタオル…×

足湯も忘れずに!

やなぎばしあしゆ
柳橋足湯

柳橋通りにある町営の足湯。貝のモニュメントからお湯が注ぎ出る。

☎0739-43-6588(白浜町観光課)住白浜町3306-18 ¥無料 時8〜22時(7・8月は7時〜) 休無休 交バス停白良浜から徒歩5分 P2台 MAP P122B2

つくもとあしゆ
つくもと足湯

白良浜の南の出入り口にある足湯。砂浜の散歩後にのんびりと過ごしたい。

☎0739-43-6588(白浜町観光課)住白浜町3742-4 ¥無料 時8〜22時(7・8月は7時〜) 休無休 交バス停湯らからすぐ Pなし MAP P122B2

みふねあしゆ
御船足湯

円月島を眺めながら楽しめる足湯。ロマンチックな夕暮れ時がオススメ。

☎0739-43-6588(白浜町観光課)住白浜町743-5 ¥無料 時8〜22時(7・8月は7時〜) 休無休 交バス停白浜バスセンターから徒歩3分 P2台 MAP P122B2

つばきおんせんあしゆ
椿温泉足湯

国道42号沿いにある椿温泉足湯。ドライブで疲れた体にぴったり。

☎0739-43-6588(白浜町観光課)住白浜町椿 ¥無料 時10〜17時(7・8月は〜19時) 休火曜 交JR椿駅から徒歩25分 P20台 MAP P118C3

📖 南紀白浜温泉は、兵庫県・有馬温泉、愛媛県・道後温泉と並び、日本三古湯とよばれている。

西日本最大級の海鮮マーケットで
マグロの解体ショーを見てみたい

食事処、宿泊施設、釣り堀、温泉が集結した一大リゾート施設、とれとれパーク。
西日本最大級の海鮮マーケットで名物のマグロ解体イベントも楽しみましょう。

とれとれいちば
とれとれ市場

海産物をはじめ和歌山の
多彩な物産が並ぶ

とれとれパーク内にある巨大市場「とれとれ市場」は、漁協の直営だけあって、鮮度抜群の海産物がずらりと並ぶ。毎日、必ず開催されるマグロの解体ショー＆即売は特に人気。フードコートも盛況。店内には生簀もあり魚介類は鮮度抜群。場内には宅配便業者による宅配サービスが常設しているので遠方への配送にも安心対応。

☎0739-42-1010 🏠白浜町堅田2521 🕗8時30分〜18時30分 🏠不定休(要確認) 🚌バス停とれとれ市場前からすぐ Ⓟ777台 MAP P123D2

▲市場の中央には水族館のような巨大水槽がある

▲エントランスにはマグロのオブジェが
▶海鮮コーナーに掲げられたたくさんの大漁旗

とれとれパーク内のスポット

とれとれてい
Ⓐ とれとれ亭

温泉施設が併設された白浜の旬料理が楽しめる海鮮バイキングの店。朝、昼、夕食バイキングが楽しめる。新鮮な海の幸も食べ放題。

☎0739-82-2500 🏠白浜町堅田2498-1 🕗6時〜10時、11時〜15時、17時〜22時(朝の営業時間は要問合せ) 🏠不定休 🚌バス停とれとれ市場前からすぐ Ⓟ100台 MAP P123E2

かいせんずし とれとれいちば
Ⓑ 海鮮寿司 とれとれ市場

漁協直営の寿司専門店、定番メニューがなんと約100種類。ここでしか食べられないネタが豊富で日替わりネタも多数あり。

☎0739-42-1188 🏠白浜町堅田2523-1 🕗11時〜21時15分LO 🏠不定休 🚌バス停とれとれ市場前からすぐ Ⓟ52台 MAP P123D2

きとみずとつちと
Ⓒ 木と水と土と

和歌山県の名産品を使用した、パンケーキ、パフェ、ハンバーガーなどを販売。からあげグランプリ9年連続の唐揚げも人気。

☎0739-43-0550 🏠とれとれ市場内 🕗休Ⓟとれとれ市場に準ずる MAP P123D2

漁師直営の
「フィッシャーマンズ
ワーフ白浜」

南紀ならではの海の幸を満喫できる
食事処をはじめ、カフェやダイビング、
漁船クルージング、釣りなどのアクテ
ィビティも満載の複合施設。海辺の
静かなロケーションにある。
☎0739-43-1700　MAP P122B3

とれとれ市場の満喫ポイント！

1 海鮮を食べる

おいしそうな海鮮丼ばかり

市場内には約500席を配置した巨大フー
ドコート「とれとれ横丁」がある。地元なら
ではの新鮮で格安な魚介類グルメを、丼、
寿司、お造りなどで楽しむことができる。

▲漬けまぐろしら
す丼1400円は特
製ダレに漬けたマ
グロと、釜揚げし
た新鮮なシラスと
の相性が抜群

◀新特上海鮮丼
2300円はエビ、ホ
タテ、サーモン、マ
グロ、ウニ、イクラな
どが満載

3 マグロ解体ショーを見る

毎日開催。解体して即販売も

市場の海鮮コーナーの一角に設けられた
マグロ解体ステージでは毎日、解体ショー
が行われる。解体担当スタッフの楽しい解
説もあり、その場で欲しい部位や量を言え
ば解体しながら即売もしてくれる。

◀身を解体したら、
初めに大・中トロ部
分を即売

▶購入後はパック
詰めしてくれる。氷
や箱もあり

2 和歌山名物を買う

迷うほどの品揃え！

市場内は、鮮魚や干物を扱う海鮮コーナー
のほか、梅干しコーナー、梅酒コーナー、お
菓子コーナー、パンダグッズコーナーなどが
あり、和歌山県のみやげ物がずらりと並ぶ。

BBQに最適

◀干物セット、海鮮セット
などはおみやげや贈答
用にもおすすめ

ぱんだうぃれっじ
D パンダヴィレッジ

それぞれデザインが異なるパンダが描
かれたドーム型の宿泊施設が25棟。
内装やレイアウトもすべて違うためリピ
ーターも多い。

☎0739-42-2200　住白浜町堅田2498-1
¥1泊2食付1万5060円
〜　⏰IN15時／OUT11
時　P160台
MAP P123D2

かたたのつりぼり
E カタタの釣堀

手ぶらで行けて釣果にも定評があり、
ファミリーから本格的な太公望まで
集う。魚は釣った分だけ持ち帰り可。

☎0739-43-6990　住白浜町藤島2217-2
¥小物釣り2時間3680円(竿・エサ代含む)
⏰7〜14時(12〜2月7
時30分〜)　休無休(荒
天時は要問合せ)　P70
台　MAP P123D2

ここもチェック

ばーべきゅーこーなー
BBQコーナー

エントランスに併設されたバーベ
キューコーナーでは市場で購入
した魚介類をその場で食べられ
る。　¥入場800円※ソフトドリンク飲
み放題付(食材は別途)　⏰11時〜16
時30分(土・日曜、祝日10〜17時)

📖 カタタの釣堀では初心者から上級者向けに釣り堀が用意され、大物釣りの生簀ではマダイやイシダイが釣れるかも。

南紀白浜のうまいもん
新鮮な海の幸が食べたい

地元ならではの鮮度抜群の海の幸を筆頭に、
「うまいもん」が豊富に揃う白浜。バラエティ豊かな特産品にも注目です。

すしかっぽう こうずし
寿司割烹 幸鮨

寿司の老舗で味わう地魚満載のちらし寿司

2代目の主人が切り盛りする創業50年以上の名店。紀州沖などで水揚げされた旬のネタに合わせて薬味を使い分けており、舌の肥えた食通たちをもうならせる趣向を凝らした寿司は、上にぎり（8貫）2970円〜。

☎0739-42-4027 🏠白浜町新地1405-15 🕐11〜14時、17〜22時 ❌火曜(8月は不定休) 🚌バス停白良浜から徒歩3分 🅿10台 **MAP** P122B2

日替わりちらし寿司
2420円
甘辛く煮たシイタケを混ぜたご飯に魚介を合わせるのが幸鮨流。赤だしとデザート付き

こちらも
オススメ

▼老舗の雰囲気漂う檜のカウンター席。2階は座敷になっている

クツエビの握り(10〜4月限定) 1匹5000円〜
白浜の名物魚介のクツエビは噛むごとにうま味が広がり美味

ふくじゅう
福重

新鮮魚介を寿司で満喫

地元で愛され続ける、家庭的な雰囲気の老舗寿司店。紀州の新鮮な地魚を使った季節ごとの寿司が食べられ、カウンターには常時30種ほどのネタが揃う。テーブル席あり。

☎0739-42-3547 🏠白浜町890-105 🕐11時30分〜13時30分LO、17時30分〜21時LO 🈳月曜(祝日の場合は営業) 🚌バス停旭ヶ丘からすぐ 🅿5台
MAP P122B2

こちらも
オススメ

もちがつおの握り
(2〜5月限定)
2貫550円〜
人気のもちがつおを握りに。色鮮やかな身が新鮮さの証拠

もちがつおの造り
1540円〜（2〜5月限定）
水揚げから5〜6時間しか経っていないカツオの、もちもちの食感を楽しんで(要電話確認)

白浜の地ビール・ナギサビールを工場で

人気地ビール、ナギサビールを工場併設の売店で飲むことができる。グラス小360円、大680円で、常時4種類のビールを用意。ボトルビールの購入や地方発送も可。⏰9〜18時 ☎050-3820-8958 MAP P122B4

こちらもオススメ

▲特製ダレに漬け込んだカツオの漬け丼。だしと薬味をかけて食べる人気の一品。カツオの茶漬け1450円

熊野路丼 1600円
旬魚3〜4種と山菜煮がのった海鮮丼。とろろや生卵、金山寺味噌をのせて召し上がれ

きらく
㐂楽

たっぷりの旬魚がのった名物丼
近海魚介に精通した主人の目利きで仕入れる鮮魚料理は、地元の人も太鼓判を押すほど。終日注文可能な地魚を使った定食は約20種にも及び、クツエビやクエ鍋などその日の一品料理もおすすめ。
☎0739-42-3916 住白浜町890-48 ⏰11〜14時、16時30分〜21時 休火曜 🚌バス停白浜バスセンターから徒歩3分 🅿7台 MAP P122B2

いけすわろうだ
いけす円座

旬を味わう「いけす料理」
ベーカリーやビュッフェレストランなどが集結する人気の複合施設「SHIRAHAMA KEY TERRACE」にある生簀活魚料理店。店内には職人が握る寿司処「八咫」も併設。クエ料理も楽しむことができる。

☎0739-33-9090 住白浜町1821 ⏰11時30分〜14時LO、17時30分〜21時LO 休無休 🚌バス停新湯崎からすぐ 🅿200台 MAP P122A3

紀州海鮮ひつまぶし 1650円(ランチのみ)
1杯目はとろろ芋をのせて。2杯目は金山寺味噌でなめろう風に。3杯目は鯛スープをかけてお茶漬けで味わうひつまぶし膳

こちらもオススメ

▲生簀で泳ぐ伊勢エビをプリプリのお造りで味わうことができる人気メニュー

※写真はイメージ

いせえび・いけうおりょうり さんごしょう
伊勢海老・活魚料理 珊瑚礁

上質な伊勢エビを好みで!
円月島を目の前に望むロケーションが自慢の海鮮料理の老舗。店内には巨大な生簀があり、抜群の鮮度を誇る南紀産の伊勢エビ料理を楽しめる。また、旬期にはクツエビやクエも登場する。

☎0739-42-4357 住白浜町500-1 ⏰11時〜19時30分LO(17時〜は要予約) 休水曜(繁忙期は無休) 🚌バス停臨海(円月島)からすぐ 🅿15台 MAP P122A1

こちらもオススメ

▲プリプリの伊勢エビをまるごと塩焼きに。サザエの壺焼きなども付いた豪華なラインナップ

伊勢エビ 4400円〜
唐揚げや姿造りなど、好みの調理法でオーダーできる。写真は姿造り

 クエは11〜2月、もちがつおは2〜6月、伊勢エビは10〜3月が旬です。旬の時期以外は扱っていないお店もあるので要チェック。

白浜周辺で見つけた
海沿いカフェで憩いの時間を

おいしい料理やスイーツだけでなく、海絶景やロケーション抜群のお店。
海を身近に感じられるお店で憩いの時間を過ごしましょう。

白浜周辺
ふくびし かげろう かふぇ
福菱 Kagerou Cafe

**本店限定の"生かげろう"を
絶景テラスで味わおう**

50年以上前から、白浜銘菓「かげろう」を
販売する福菱の本店。併設のカフェでは、
スイーツのほか、ランチなども提供。

☎0739-42-3129 🏠白浜町1279-3 🕐8～18時(18
～20時はカフェ&バー) 🈳無休(臨時休業あり) 🚌バス
停白浜桟橋から徒歩3分 🅿20台(第2駐車場あり)
MAP P122C2

❶入江に面したテラス席。穏やかな海景色を堪能できる ❷
「かげろう」の生地に生クリームをサンドした「生かげろう」1本
120円～は本店限定 ❸ふわっとした生地がクリームととも
に口の中でなくなっていく、白浜を代表するお菓子。10個入り
1200円など ❹大人気のヒレカツサンド1200円

白浜周辺
つむぎかふぇ
TSUMUGI CAFE

**異国情緒あふれる
オリエンタルカフェ**

店内はトルコ雑貨で飾られ、民族
衣装を着て記念撮影もできるな
ど、異国感が漂う。「tsumugi限定
ランチプレート」や、焼き菓子の「バ
クラヴァ」(チャイとのセット1180
円) などを味わえる。

❶tsumugi限定ラン
チプレート1280円～
❷トルコランプが置か
れたカウンターから海
が見える

☎0739-33-7683
🏠白浜町2927-1704
のんびれっじ白浜1階
🕐9時～16時30分LO
🈳月・火曜 🚌JR白浜駅
から明光バス三段壁行
きで22分、のんびれっじ
下車すぐ 🅿なし
MAP P122A4

パノラマビューを楽しむ
ホテルのカフェへ

INFINITO HOTEL & SPA 南紀白浜（☞P39）にあるカフェラウンジパシフィックからは太平洋を一望できる。パティシエによる季節限定スイーツが人気。MAPP122B3

白浜周辺
かふぇ ぺとらのさと
Café ペトラの里

心地よい風を感じる
高台のカフェ

明るいマダムが出迎えてくれる、白浜で人気のログハウスカフェ。店内からも海を眺められ、スイーツやランチとともに絶景を堪能できる。

☎0739-43-6848 住白浜町2927-1790 ⏰11時30分〜16時 休月〜木曜、12〜3月 交バス停草原の湯からすぐ Pなし MAPP122A3

❶南国ムードが漂うテラス席から海を見下ろせる ❷和歌山県特産の柑橘類「じゃばら」を使った、さわやかな香りのソーダとチーズケーキのセット じゃばらだらけ880円

白浜周辺
ひきょうかふぇ ごんげんだいら
秘境カフェ 権現平

五色ヶ浜の隠れ家カフェ

ライターとして和歌山を取材してきたオーナーが、その魅力を発信したいと地元の食材を使った料理やスイーツを提供。宿泊やキャンプ、BBQもできる（詳細は要問合せ）。

☎0739-33-9643 住白浜町才野1758-29 ⏰11〜16時 休火曜 交JR白浜駅から車で10分 P15台 MAPP118C3

❶足湯が設けられたテラスからビーチを一望 ❷白浜ブール（美浜いちごジャム）600円、紀の川ももジュース600円

ひと足
延ばして

❶南部湾を一望する大きな窓に面したカウンターが特等席 ❷備長炭パウダーとゴマを練り込んだ生地を使った、スイーツ感覚の黒ピッツァフルーツ1880円

みなべ周辺
かふぇ ど まんま
Café de manma

南部湾に浮かぶ
鹿島を望む絶景カフェ

梅の里みなべならではの、梅ジャム入りのデミグラスソースをかけたオムライスや、溶岩ピザ窯で焼いたナポリ風のピッツァなどが人気。

☎0739-72-2361 住みなべ町埴田1590-40 ⏰10〜17時（土・日曜、祝日9時〜）※ランチは11〜15時 休水曜 交JR南部駅から車で5分 P19台 MAPP118B2

📖 Café de manmaはプラム工房という梅干しの製造会社が運営しており、シーズンになると梅を見ながら食事もできる。

おいしい＆かわいいを探して
白浜おみやげウォッチング

人気のパンダにちなんだおみやげや、地元で愛される銘菓、
キュートなアクセサリーなど、かわいいおみやげをご紹介。

海の小瓶
400・500・600円
砂や貝殻、シーグラスなどをかわいい
ボトルに閉じ込めた、見た目にも海を
連想させるアイテム **Ⓐ**

蜜さくら梅
200g入り 1350円〜
塩分約5%の蜂蜜梅干しに桜葉と桜
花を添えた新感覚の味わい。お茶請
けやデザートに！ **Ⓒ**

かげろう
10個 1200円
口の中でしゅわっとなくなるほどふ
わっとしていながらサクサクな生地
に、バタークリームをサンド **Ⓑ**

白浜プリン
380円
2020年12月の発売以来人気のプ
リン。ミカン入りやウメ入り各400円
などのご当地味も揃う **Ⓔ**

パンダクッキー
10枚入り 650円
キュートなボックスに入ったパンダ
をかたどったクッキー。後ろ姿9枚と
前向き1枚がセットに **Ⓑ**

ギョサン
880円（レディース）980円（メンズ）
SeaBirthオープンから変わらず人気
のあるギョサン。丈夫で長持ちかつカ
ラフルなバリエーションが人気 **Ⓐ**

Ⓐ うみのざっかやしーばーす
海の雑貨屋 Sea Birth
海素材の雑貨やアクセサリーを

白浜の海岸に流れ着いたシーグラ
スを利用したアクセサリーが人気。ナ
チュラルテイストな雑貨の数々はレト
ロな雰囲気で癒やされる。
☎0739-42-2548 住白浜町1275-12
◷10〜21時 休不定休 交JR白浜駅から車
で10分 Ⓟ3台 MAP P122C2

Ⓑ ふくびし
福菱
銘菓からキュートな洋菓子まで

昭和8年（1933）創業の老舗。和洋
のよさを取り入れながらも昔ながら
の製法を守り、観光客だけでなく地
元の人々からも愛される人気店だ。
☎0739-42-3128 住白浜町1279-3 ◷8
〜18時（変動あり）休無休 交バス停白浜桟
橋から徒歩3分 Ⓟ20台 MAP P122C2

Ⓔ ふくうめほんぽ
福梅本舗
パティシエも顔負けの梅スイーツ

店頭のかわいい男の子のマスコッ
ト人形「ふくちゃん」が目印の梅干
し店。梅干しをはじめ、梅酒や梅ジャ
ムなども取り扱っている。
☎0120-43-0917 住白浜町堅田2497-
36 ◷9〜17時 休無休 交バス停車庫前か
ら徒歩すぐ Ⓟ4台 MAP P123D3

海鮮のおみやげなら こちらで

三段壁（☞P27）近くのおみやげ店「福亀堂三段店」では、干物などのおみやげが豊富。もちもちの生地の中にみたらしのタレが入ったあべこべだんご12個入り650円など。
☎0739-43-3687 MAP P122A4

川添紅茶さぶれ
45g缶入り 490円
白浜銘茶「川添茶」の紅茶葉がたっぷり入ったサクッと香ばしいお菓子。葉っぱの形が愛らしい **B**

ナギサビール
330mℓ 各400円
名水「富田の水」を使用。スムースなアメリカンウィートとコクのあるペールエールのほか限定品も **F**

さんま寿司（左）1本 864円
あなご寿司（右）1本 1512円
天日干しコシヒカリの寿司飯の上に香ばしい煮アナゴ、紀州沖でとれたサンマをのせた押し寿司 **D**

生梅じゃむ
150g入り 850円
完熟の和歌山の紀州南高梅だけを使い、土鍋で手作りする梅ジャム。さわやかな酸味とまろやかさが魅力 **C**

柑橘じゃばらストレート
150mℓ 950円
和歌山特産のじゃばら果汁100%。レモンと同じようにさまざまな料理に使える **E**

ブリキサーフワゴン
2640円
サーフボードを乗せたブリキ製のワゴンバス。どことなくレトロ感を感じさせるフォルムが印象的 **A**

はまの
Ⓓ はま乃

繊細な味付けの紀州鮨専門店

地元の魚や食材、水にもこだわる紀州鮨専門店。竹皮に包んだ押し寿司の紀州鮨は、テイクアウトもしやすいので帰りの道中で食べても。
☎0739-42-3667 住白浜町堅田2497-125 時8～18時 休無休 交バス停車庫前から徒歩3分 P5台 MAP P123D3

とれとれいちば
Ⓔ とれとれ市場

和歌山県の名物が目白押し

新鮮な海産物のみならず干物や加工品など和歌山県各地から取り揃えた銘菓などの充実ぶりはお墨付き。
☎0739-42-1010 住白浜町堅田2521 時8時30分～18時30分 休不定休（要確認）交バス停とれとれ市場前からすぐ P777台 MAP P123D2

なぎさびーる
Ⓕ ナギサビール

白浜の名水でこだわり地ビール

白浜で唯一の地ビール工場。仕込み水に南紀白浜が誇る名水「富田の水」を使用しており原料本来の風味が楽しめるビールを製造。
☎050-3820-8958 住白浜町2927-220 時9～18時 休水曜 交バス停三段壁から徒歩20分 P30台 MAP P122B4

南紀白浜空港2階にあるレストラン「スカイアドベンチャー」のレジ前では、アドベンチャーワールド内のパンダグッズを販売しています。

海との一体感が新鮮
水平線を望む露天風呂がある宿

海とつながったかのような錯覚を覚えるインフィニティ露天風呂が
注目を集めています。リゾートらしい開放感が格別です。

インフィニティプールに絶景サウナ、足湯も誕生

＋1泊2食付き料金＋
平日2万2000円～
休前日2万5300円～
＋時間＋
IN15時 OUT11時

しらはま きー てらす ほてる しーもあ
SHIRAHAMA KEY TERRACE HOTEL SEAMORE

バレルサウナやインフィニティ足湯、露天風呂からは水平線との一体感を存分に満喫できる。インフィニティプールにはバレルサウナ、ジムを併設。夏季にはプールサイドバーがオープンし、日本の夕陽百選の宿にも選ばれた絶景が楽しめる。

☎0739-43-1000 🏠白浜町1821 🚉JR白浜駅から車で10分 ※無料シャトルバスあり P200台 🛏160室 ●2023年4月プール新設 MAPP122A3

＊ 極上Point ＊
水平線沿いのサイドが32mもあるため、大海原に溶け込むような感覚を存分に体感

1 深さ120cmの露天風呂三段の湯からも水平線との一体感を満喫できる
2 オーシャンビューやファミリー、グループ向けなど多彩な客室

大海原を間近に感じる波打ち際の露天風呂

はまちどりのゆ かいしゅう
浜千鳥の湯 海舟

岬の先端に立ち、大海原を眺めながら極上の湯が楽しめる。湯面と海面が一体となるようなロケーションにある「浜千鳥の湯」は、宿名のとおり、「海」に浮かぶ「舟」のよう。館内にはエステなどもあり、おこもりして癒やしの時間をのんびり過ごそう。

☎0739-82-2220 🏠白浜町1698-1 🚌バス停草原の湯から徒歩3分 ※無料シャトルバスあり P80台 🛏109室 ●2007年11月オープン MAPP122A3

＊ 極上Point ＊
混浴の露天風呂からは海との一体感が抜群。2種類の源泉を楽しむことができる

+1泊2食付き料金+
平日2万4300円～
休前日2万9800円～
+時間+
IN15時 OUT11時

1 湯浴み着に着替えて入浴する混浴の露天風呂
2 熊野牛、伊勢エビやアワビのお造りなどの会席プラン
3 離れには源泉かけ流しの露天風呂がある

源泉かけ流し 部屋食 エステあり 禁煙ルームあり 大浴場あり ひとり宿泊OK

🖼️🍴♨️ゆ

いんふぃにーと ほてる あんど すぱ なんき
しらはま

INFINITO HOTEL & SPA 南紀白浜

万葉集にも詠われた行幸(みゆき)の湯源泉から引いた由緒ある温泉。露天風呂「海」からは白良浜を、露天風呂「空」からは、太平洋に沈む真っ赤な夕日を望むことができる。特別展望風呂「昴」を合わせた3つの湯船、いずれも海まで続くような開放感。

☎0739-42-2733 🏠白浜町2018 🚉南紀白浜空港から車で5分 ※南紀白浜空港・JR白浜駅から送迎あり 🅿90台 🏠74室 ●2017年4月リニューアル MAP P122B3

壮大な日の出、夕日を望む
3つのインフィニティ露天

白浜 ● 水平線を望む露天風呂がある宿

✽ 極上Point ✽
2つの露天風呂と貸切風呂のいずれもインフィニティ仕様。歴史ある名湯と絶景体験を同時に楽しもう

✚1泊2食付き料金✚
平日3万8115円～
休前日4万1745円～
✚時間✚
IN15時 OUT11時

1 露天風呂「海」からの絶景に心も解き放たれる
2 南紀の美味をイタリアン、和の2つの食事処で
3 アメニティは、海外高級ブランドのアイテム

大自然が織りなす造形美
入江に抱かれる露天風呂

♨ゆ🏃

なんきしらはまおんせん ゆかいりぞーと
ぷれみあむ ほてるせんじょう

南紀白浜温泉
湯快リゾートプレミアム
ホテル千畳

海とともに周囲の緑を取り込んだ大自然を満喫できるインフィニティ露天風呂が楽しめる。湯は自家源泉千寿の湯。天然温泉プールは、通年利用可能。ボルダリングやボールプールなど充実のキッズパークがあり、家族連れにもうれしい。

☎0570-550-078 🏠白浜町1680-1 🚉南海電鉄白浜駅から車で22分 ※白浜駅から無料シャトルバスあり 🅿100台 🏠112室 ●2018年8月リニューアル MAP P122A3

✚1泊2食付き料金✚
平日1万3236円～
休前日1万6371円～
✚時間✚
IN15時 OUT12時

1 男湯インフィニティ露天風呂の眺望。サウナもある
2 プールは、夜間ライトアップでリゾート気分を演出
3 小上がりのある和洋室やキッズコーナーのある客室も

✽ 極上Point ✽
名勝三段壁や千畳敷を擁する吉野熊野国立公園の入江に位置する。折り紙付きの絶景露天は格別

温泉も景色も楽しみたいから
オーシャンビューの部屋に泊まる

オーシャンビューのお部屋で温泉も白浜の景色も海の幸も欲張りましょう。
白い砂浜とコバルトブルーの海を眺めながら過ごす優雅な時間。

白浜温泉
ほてるかわきゅう
ホテル川久

外国の美術館を思わせる外観は、まさに夢の城。館内に入れば、金色に輝くロビーが迎えてくれるなど、ゴージャス感たっぷり。85の客室はすべてインテリアが異なるスイートルームで、全室オーシャンビューと贅の限りを尽くした造り。アートな大浴場やプール、行き届いたサービスで夢のような時間を過ごそう。

☎0739-42-3322 住白浜町3745 交JR白浜駅から車で12分 ※無料シャトルバスあり P80台 室全85室 ●1991年リニューアル MAPP122C1

温泉サロン「ロイヤルスパ」

お城のような外観やロビーと全室スイートルームで夢心地

┼1泊2食付き料金┼
平日2万5150円〜
休前日3万2150円〜
┼時間┼
IN15時 OUT10時30分

1天井には金箔、巨大な柱は人工大理石。世界の職人たちの技を集結したロビーは必見 2全室スイート仕様の客室 3食事は地元食材や高級食材をふんだんに使用した「王様のビュッフェ」

6室だけの贅沢な空間で海と空を眺める

┼1泊2食付き料金┼
平日・休前日
2万9850円〜
┼時間┼
IN15時 OUT11時

1全室オーシャンビューで、広いバルコニーからは目の前に広がる海の景色を独り占めできる。全室禁煙
2館内は静寂そのもの。ゆっくりと癒やしのひとときを満喫できる

白浜温泉
うみつばきはやま
海椿葉山

海と空と静寂がコンセプトの宿。熊野杉や檜で組み上げた回廊や、漆喰や杉板を使用した客室の壁など、館内は数々の賞を受賞したスタイリッシュなデザイン。お風呂は温泉と冷泉の2種類あり、透明なのに乳液のようななめらかな湯が堪能できる。紀州の食材を生かした料理はゆっくりと部屋食で。

☎0739-46-0909 住白浜町椿1063-20 交JR白浜駅から車で20分 ※送迎あり P6台 室全6室 ●1999年オープン MAPP118C3

源泉かけ流し 部屋食 エステあり 禁煙ルームあり 大浴場あり ひとり宿泊OK

白浜温泉

しらはま こがのいりぞーとあんどすぱ

白浜 古賀の井リゾート&スパ

田辺湾を一望できる高台に立つ全客室オーシャンビューのリゾートホテル。自家源泉の湯が自慢の大浴場や露天風呂をはじめ、一年中泳げる室内プールがあり、ガーデン一面に広がるイルミネーションを毎日楽しめる。食事はビュッフェ、日本料理（和食）、鉄板焼きから選べるのもうれしい。

☎0739-43-6000 住白浜町3212-1 交JR白浜駅から車で10分 ※無料シャトルバスあり P110台 室全172室 ●2015年リニューアル MAP P122C2

÷1泊2食付き料金÷
平日1万9050円〜
休前日2万3050円〜
÷時間÷
IN15時 OUT11時

小高い丘に立ち、眺望は抜群
花と緑に包まれた安らぎを

1 広々とした露天風呂付き大浴場はまるで水に浮かんでいるようで夢心地に 2 多種多様な客室はどれも広々とした空間でリラックスできる

白浜 ●オーシャンビューの部屋に泊まる

全室温泉付きエスニックな館内もおしゃれ

÷1泊食事なし料金÷
平日7150円〜
休前日9900円〜
÷時間÷
IN15時 OUT11時

1 湯船に湯の華が付くほど濃厚な温泉は硫黄の成分を含みお肌はスベスベに 2 天蓋付きのベッドが設えられたツインルーム。かわいらしい内装

白浜温泉

ざ ひるず しらはま

THE Hills 白浜

リーズナブルな料金で温泉付き客室を楽しめる宿。館内はバリ島風インテリアで飾られ、客室テラスに備え付けられた温泉は源泉かけ流し。夏には白浜花火大会が部屋から眺められる。旅のスタイルを自由気ままにセレクトできて、新しい温泉旅行を演出できるステイオンリーの新感覚ホテル。

☎0739-43-3322 住白浜町2998-65 交JR白浜駅から車で10分 P19台 室全21室 MAP P122A3

白浜温泉

きしゅう・しらはまおんせんむさし

紀州・白浜温泉むさし

白良浜へ徒歩1分と観光にとても便利な宿。数寄屋造りの玄関を入り、開放感あふれる吹き抜けのロビーへ。特別フロア「和邸」白良浜ビューの客室からは、白良浜を一望できる。夕食は種類豊富な和洋中バイキングか、新鮮な海の幸と県産食材を使用した会席料理かを選べる。

☎0739-43-0634 住白浜町868 交JR白浜駅から車で10分 ※無料シャトルバスあり P220台 室全148室 ●2018年6月リニューアル MAP P122B2

白良浜と円月島の絶景を一望する展望露天風呂

÷1泊2食付き料金÷
平日1万8700円〜
休前日2万3100円〜（はなれ時鳥）
÷時間÷
IN15時 OUT10時

1 和邸宿泊者専用展望露天風呂「天空」は男女入れ替え制で絶景を堪能 2 バイキングは新鮮なお造り、海鮮焼きやミニステーキ・和歌山ラーメンといった和洋中と多彩なメニューを用意

小高い丘に立ち、眺望は抜群花と緑に包まれた安らぎを

ココにも行きたい

白浜のおすすめスポット

📷 平草原（へいそうげん）

海を見下ろし自然のなかで休息を

標高131mの高台に広がる公園。展望台からは白良浜の海岸、白浜市街まで一望できる。園内は梅や桜など四季折々の花が咲き誇る憩いの広場だ。園内外周は全長2kmのフィールドアスレチックコースになっており、体を動かすのもおすすめ。**DATA** ☎0739-43-6588（白浜町観光課）住白浜町2054-1 ¥無料 ⏰8時30分～17時 休なし 交JR白浜駅から車で15分 P60台 **MAP** P122B3

🎵 ビーチヨガ体験（びーちよがたいけん）

潮風を浴びながら浜辺でヨガを

早朝の白良浜でヨガ体験をしてみよう。4～6月、9～10月の日曜に月2回開催予定。参加は事前申込みが必要のため、必ず問合せを。**DATA** ☎0739-42-2215（白浜温泉旅館協同組合）住白良浜（→P26）のイルカシャワー前集合 ¥1000円（前日までに要予約）⏰7～8時（6時50分集合、所要約60分）交バス停白良浜から徒歩すぐ P60台（夏季は有料）**MAP** P122B2

🍜 活魚・鍋料理 風車（かつぎょ・なべりょうり ふうしゃ）

ひと味違った食材メニューが人気

活け締めにこだわる白浜の有名店。希少価値の高い天然の本クエを使い、新鮮だからこそトロトロの皮や脂身までおいしい贅沢な本クエ鍋コース1万3200円や、クエの塩焼きやあら煮なども付いた本クエ鍋フルコース1万8700円でクエ三昧も。**DATA** ☎0739-42-4498 住白浜町2319-6 ⏰17～21時（要予約）休火・水曜 交バス停まぶ湯から徒歩3分 P15台 **MAP** P122B3

🌙 大衆酒場 長久（たいしゅうさかば ちょうきゅう）

味わいある店構えに安らぐ食事処

白浜や南紀南部の漁港で揚がった新鮮な魚介を気軽に堪能できる店。ウツボの焼物1100円をはじめ、カワハギの刺身2700円前後、クジラの焼物1100円など、ひと味違った食材のメニューも豊富。地元っ子にも大人気だ。**DATA** ☎0739-42-2486 住白浜町3079-6 ⏰16～22時LO 休木曜 交バス停走り湯から徒歩すぐ P8台 **MAP** P122B2

👜 CHOUETTE D'OR（しゅえっと・どーる）

ハンドメイドの手工芸が人気

白浜生まれのレザークラフト職人、真鍋吉広氏のアトリエ兼ショップ。ハンドメイドにこだわった、財布やバッグなどを販売する。また自分で縫い上げて仕上げるレザーアイテム作りも開催。体験は要予約で、キーホルダー作り2750円など。**DATA** ☎0739-20-7507 住白浜町1057-15 ⏰10～19時 休水曜 交バス停白浜桟橋から徒歩2分 P3台 **MAP** P122C2

👜 丸双蒲鉾店（まるそうかまぼこてん）

かまぼこ一筋、専門店のこだわり

創業から約45年、白浜の地でおいしいかまぼこ作りにこだわってきた人気店。新鮮な海の幸を使って、昔ながらの伝統の技を生かし、手作りのよさを守り続けている。人気のパンダ丸1枚700円や金太郎パンダ蒲鉾各380円など、豊富な種類におみやげ選びで悩みそう。**DATA** ☎0739-45-0151 住白浜町内ノ川75-1 ⏰8～17時 休日曜、祝日 交JR白浜駅から車で8分 P10台 **MAP** P118C3

🌙 夜をもっと楽しみたい おすすめ酒場はココ

白浜は、おいしいお酒と料理の店が充実。しっとりと大人の夜を

CLUB・CARIBBEAN（くらぶ・かりびあん）

絶景のロケーションでBBQ

屋上で白浜の青い海と空を一望しながら、新鮮な海の幸をBBQで思う存分楽しめる。**DATA** ☎0739-43-1700（代表）住フィッシャーマンズワーフ白浜内 ⏰11～14時LO、18～21時LO 休不定休 交JR白浜駅から車で10分 P120台 **MAP** P122B3

ミルク＆ビアホール 九十九（みるくあんどびあほーる つくも）

アンティークな店内でくつろげる

ミルク＆ビアホールの名にふさわしく、スイーツから地ビールまで楽しめる。石窯ピザも絶品。地ビール850円と一緒に。**DATA** ☎0739-43-0702 住白浜町3309-22 ⏰18～22時LO 休火曜、大málの日、2月 交バス停白浜バスセンターから徒歩4分 P8台 **MAP** P122B2

大皿惣菜 まある（おおざらそうざい まある）

メニューは常時100種類以上

落ちついた店内で南紀白浜の新鮮な魚介が堪能でき、充実のデザートも自慢。ムードたっぷりの夜を過ごしたいならぜひ。**DATA** ☎0739-43-0936 住白浜町793 ⏰17～21時LO 休月曜 交バス停白浜バスセンターから徒歩3分 P20台 **MAP** P122B2

📖 朝の白良浜でビーチヨガ体験を。参加費1000円、要予約。開催日は問合せを。☎0739-42-2215（白浜温泉旅館協同組合）

山々に囲まれた霊場や参詣道
南紀の聖地を訪ねましょう

平安の昔から人々は、山深い熊野に
救いと再生を求め、険しく厳しい山々をたどりました。
貴賤男女のへだてなく、どんな人も受け止めてくれる熊野。
そこは、自然のエネルギーが満ちあふれた
スピリチュアルなスポットです。

これしよう！

古くから神の住まう聖地として、皇族をはじめ多くの人々が参拝した熊野三山。神聖な参詣道を歩いて、3つの神社を参拝しよう。めはり寿司などの郷土料理もぜひ味わってみたい。

熊野三山はココにあります！

熊野三山へのａｃｃｅｓｓ

●熊野本宮大社へ
🚗阪和道南紀田辺ICから国道311号で約60km
🚌JR新宮駅から熊野御坊南海バス本宮大社方面行きで1時間、本宮大社前下車

●熊野那智大社へ
🚗阪和道南紀田辺ICから国道42号で約112km
🚌JR紀伊勝浦駅から熊野御坊南海バス那智山行きで18分、那智山下車

●熊野速玉大社へ　JR新宮駅から徒歩16分

【問合せ】
熊野本宮観光協会 ☎0735-42-0735
田辺市観光振興課 ☎0739-26-9929
新宮市観光協会 ☎0735-22-2840
那智勝浦町観光案内所 ☎0735-52-5311

路線バスはコチラです

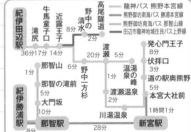

龍神バス 熊野本宮線
熊野御坊南海バス 勝浦本宮線
熊野御坊南海バス 那智山線
田辺市龍神地域住民バス上野線

紀伊田辺駅
牛馬童子口　近露王子　野中の清水　高尾隧道
滝尻　8分　2分
36分 17分 14分　20分　渡瀬　5分　発心門王子
那智山　6分　野中一方杉　8分
那智の滝前　温泉の峰　伏拝口
紀伊勝浦駅　5分　1分　渡瀬温泉　3分
大門坂　道の駅奥熊野
10分　川湯温泉　本宮大社前
那智駅　1時間1分
8分　28分　新宮駅

定期観光バスもおすすめです

コース名	内容	運行	時間／料金
熊野三山めぐり	熊野本宮大社、熊野速玉大社、熊野那智大社の三社を回るコース	1日1便	紀伊勝浦駅8時30分発　所要6時間40分　7600円
熊野古道大門坂と那智山めぐり	熊野古道大門坂から、那智の滝、熊野那智大社、青岸渡寺を回るコース	1日2便	紀伊勝浦駅9時30分発／所要2時間40分　2700円

※【問合せ】　熊野御坊南海バス ☎0735-22-5101

こんなところ

多くの神話が残る信仰の聖地へ

熊野三山・熊野古道

くまのさんざん・くまのこどう

「紀伊山地の霊場と参詣道」として、平成16年（2004）に世界遺産に登録された3つの霊場「熊野三山」（熊野本宮大社、熊野速玉大社、熊野那智大社・那智山青岸渡寺）と、参詣の道「熊野古道」。多くの人々がたどったという中辺路を歩いて、熊野詣でを体験してみましょう。

～熊野三山・熊野古道（中辺路）はやわかりＭＡＰ～

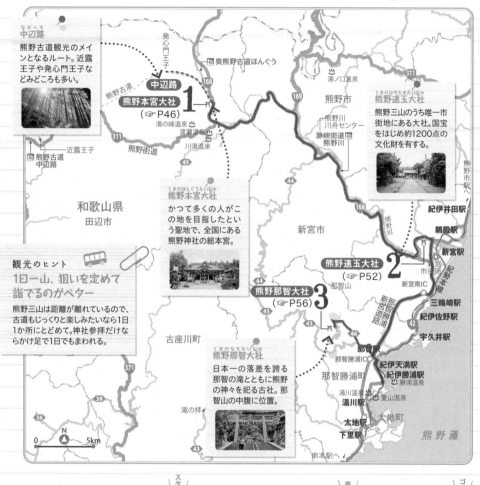

中辺路
なかへち

熊野古道観光のメインとなるルート。近露王子や発心門王子などみどころも多い。

中辺路

1
熊野本宮大社
（☞P46）

熊野速玉大社
くまのはやたまたいしゃ

熊野三山のうち唯一市街地にある大社。国宝をはじめ約1200点の文化財を有する。

和歌山県
田辺市

熊野本宮大社
くまのほんぐうたいしゃ

かつて多くの人がこの地を目指したという聖地で、全国にある熊野神社の総本宮。

観光のヒント

1日一山、狙いを定めて詣でるのがベター

熊野三山は距離が離れているので、古道もじっくりと楽しみたいなら1日1か所にとどめて。神社参拝だけならかけ足で1日でもまわれる。

熊野速玉大社
（☞P52）
2

新宮市

熊野那智大社
（☞P56）
3

古座川町

熊野那智大社
くまのなちたいしゃ

日本一の落差を誇る那智の滝とともに熊野の神々を祀る古社。那智山の中腹に位置。

紀伊井田駅
鵜殿駅
新宮駅
三輪崎駅
紀伊佐野駅
宇久井駅
紀伊天満駅
紀伊勝浦駅
勝浦温泉
湯川駅
太地駅
下里駅

熊野灘

0 ——— 5km

おすすめコースは

1泊2日

バスや電車での移動と徒歩を組み合わせて本宮、新宮、那智山を巡るコース。神々を祀る信仰の聖地・熊野三山すべてを訪れることで、より大きなパワーを授かりましょう。

スタート
バス停・発心門王子

▶ 徒歩約2時間

1 見学
熊野本宮大社

▶ バスで約1時間

2 見学
熊野速玉大社

▶ 電車で20分

宿泊
勝浦温泉に宿泊

▶ バスで約25分

3 見学
熊野那智大社

▶ バスで約25分

ゴール
紀伊勝浦駅

熊野三山・熊野古道

全国にある熊野神社の総本宮
熊野本宮大社へ参拝しましょう

参拝所要
約1時間

熊野の地は古くから「神の宿る場所」と言い伝えられてきました。
山深い熊野本宮大社を参拝し、雄大な自然と神聖な空気を感じましょう。

くまのほんぐうたいしゃ
熊野本宮大社

世界遺産

高台に雄々しくそびえ立つ
熊野三山の中心となる聖地

全国に約4700社ある熊野神社の総本宮で、熊野三山詣の始まりの地。家津美御子大神（別名スサノオノミコト）を主祭神に祀る。現在の社殿は明治22年（1889）の熊野川の氾濫で大水害にみまわれ、奇跡的に流出を免れた社殿を明治24年（1891）現在地に遷座した。深い山々が重なり合うこの土地で、1000年以上も続く熊野詣での歴史が体感できる。

☎0735-42-0009 ⓘ田辺市本宮町本宮1110 ¥境内無料（宝物殿300円）⏰7～17時（宝物殿は不定休）❸無休 🚌バス停本宮大社前から徒歩すぐ ℗河川敷600台、境内40台 🗺P47

🌸 コースガイド 🌸

🚏 バス停 本宮大社前
↓ 徒歩すぐ
❶ 祓戸大神
↓ 徒歩3分
❷ 手水舎
↓ 徒歩すぐ
❸ 神門
↓ 徒歩すぐ
❹ 御本殿
↓ 徒歩すぐ
❺ 拝殿
↓ 徒歩10分
❻ 産田社
↓ 徒歩15分
❼ 大斎原
↓ 徒歩15分
🚏 バス停 本宮大社前

重要文化財に指定された御本殿

平成7年（1995）に国の重要文化財に指定された御本殿は、熊野造りと呼ばれる神社建築。江戸時代に大斎原（旧社地）に建造された建物で、明治22年（1889）の大水害を免れた上四社のみが現在地に移築された。

▲杉と檜に囲まれた、熊野の神々を祀る証誠殿

START!

❶ はらいどおおかみ
祓戸大神

鳥居をくぐり、長い参道石段の途中にある祓戸大神。神道で祓いを司る神で、本宮社殿のお参り前に身を清めるための場所。奥まっているが、忘れず立ち寄りたい。

▲本宮大社までの参道脇にひっそりと立つ

❷ て みずしゃ
手水舎

参道の石段途中にある屋根付きの石造りの手水舎。水盤は大きな石を組み合わせたもの。水口はないのにきれいな水があふれているという不思議な造り。

▲岩の間から湧き出る水は、冷たくとても清らか

❸ しんもん
神門

158段の石段を上りきった先の正面に見える。ここから本殿中央の第三殿（証誠殿）が望める。神門は神の領域への境目。くぐる前には一旦立ち止まって一礼を。

▼歴史の深さを物語る風格ある神門

▲社殿へ向かう階段の参道の両脇には、熊野本宮大社ののぼりが立つ

宝物殿には貴重な曼荼羅や鉄釜も

熊野本宮大社境内にある宝物殿では、火災や水害などから免れた貴重な宝物を収蔵公開。「熊野本宮八葉曼荼羅」は南北朝時代後期〜室町時代のもの。鎌倉初期に作られた「鉄湯釜」は湯立神事に使用されたとされる。

④ ごほんでん 御本殿

第一殿〜四殿まで、檜皮葺の屋根が美しい堂々たる本殿が一列に並び、それぞれに神様が祀られている。参拝順序は三殿から二殿→一殿→四殿の順に。

お参り順

✦証誠殿✦
しょうじょうでん
主祭神である家津美御子大神を祀る第三殿

→

✦結宮✦
むすびのみや
第一殿と第二殿からなる入母屋造りの相殿。夫須美大神と速玉大神を祀る

→

✦若宮✦
わかみや
右端の第四殿には天照大神を祀る

ここもお参り!

満山社
まんざんしゃ
祭神は結びの神、再生の玉石が祀られたパワースポット

⑦ おおゆのはら 大斎原

熊野川の中洲に鎮座していた熊野本宮大社の旧社地。明治22年（1889）の大水害までは、壮麗な社殿が立ち並んでいた。大鳥居の奥の森に包まれた空間に、今も基壇が残されている。

⑤ はいでん 拝殿

石段を上りきった神門の手前、左手にある。社前には御利益のある大黒石と亀石が置かれている。社中からご祈祷の声が聞こえることも。

ここも注目!

大黒石・亀石
拝殿前に奉納された2つの丸石。繁栄や長寿を祈願して撫でる人の姿も

◀拝殿脇にはその年の漢字が大きく飾られている

八咫烏ポストとたらようの木
葉の裏に針で文字を書いたことからハガキ（葉書）の語源となった木。その横には熊野の神の使い八咫烏をモチーフにしたポストが現役で活躍中

▲壮麗な大鳥居は神聖な雰囲気が漂う

⑥ うぶたしゃ 産田社

大斎原の参道沿いにある熊野本宮大社の末社。八百万の神々をはじめ、この世界のすべてを産んだといわれる神、イザナミノミコトの荒魂が祀られている。安産の御利益でも人気のスポット。

物事を産み出す力を司る小さな社▶

伏拝王子へ
祓殿王子
十津川へ
田辺市
N
200m
P.71 八咫烏神事（特殊神事）
P.47 宝物殿
P.46 熊野本宮大社
P.71 熊野本宮大社例大祭
茶房珍重菴 本宮店 P.69
瑞鳳殿
本宮署
本宮川
世界遺産熊野本宮館 P.68
本宮行政局
P.63 めはり本舗 三軒茶屋 本宮店
産田社 P.47
お食事しもじ 本宮店 P.68
茶房 靖 P.69
P.69choux
168
大斎原 P.47
八咫の火祭り P.71
八咫烏神事 P.71
大日越登山口

発心門王子〜熊野本宮大社へ
熊野古道の王道コース・中辺路

鮮やかな緑や季節の花を眺めながら、熊野詣での人々がたどった古道を歩けば
いよいよ熊野本宮大社が見えてきます。

発心門王子〜
熊野本宮大社って
どんなコース？

熊野古道歩きで最も人気のあるコース。ゆるやかな下り坂が中心なので初心者でも歩きやすい。発心門王子は九十九王子のなかでも格式の高い五躰王子の一つ。山里の風情が漂う集落の中を歩き、水呑王子からは古道らしい山道を行く。伏拝王子からは本宮大社の旧社地・大斎原が望める。

アクセス
JR紀伊田辺駅から熊野交通バス発心門行きで2時間13分、終点下車すぐ

難易度	初心者向き
歩行距離	約7km
所要時間	約3時間

▲新緑がまぶしい、コース出発点の発心門王子

START!

バス停
発心門王子

徒歩
5分 →

① 発心門王子
ほっしんもんおうじ

鳥居の奥に発心門王子の小さく麗しい社殿が見える。発心とは仏門に入り修行を始めることで、ここからが熊野本宮大社の神域とされていた。

▲古道沿いに咲く季節の花々に癒やされます

徒歩15分

② 水呑王子
みずのみおうじ

小さな集落を抜けると廃校になった小学校の横に水呑王子の小さな石碑が立っている。弘法大師が杖で地面を突くと水が湧き出たという言い伝えがある。

雰囲気満点の林道。
マイナスイオンもいっぱい

徒歩
30分

▶ここから古道らしいうっそうとした山道が始まる

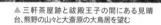

こんな絶景も！

"王子"って何のこと？

王子とは熊野の神々の御子神が祀られている場所のことで、重要な王子社では境内で神楽の奉納や歌会などが行われた。王子は多数あるため九十九王子とよばれている。

▲ 三軒茶屋跡と祓殿王子の間にある見晴台、熊野の山々と大斎原の大鳥居を望む

5 祓殿王子（はらいどおうじ）

熊野本宮大社に一番近い王子社。かつて参詣者はここで旅の汚れを祓い心身を清めたという。イチイガシやクスの大木に守られ、少し奥まったところに静かに立つ。

◀熊野本宮大社参拝前の一番重要な祓いの地

徒歩30分

4 三軒茶屋跡（さんげんぢゃやあと）

深い古道を抜け吊橋を渡ると三軒茶屋跡がある。その名のとおりかつては三軒の茶屋が並び、参詣の人々で賑わっていたという。現在は木造の情緒ある休憩所が建てられている。

徒歩3分

6 熊野本宮大社（くまのほんぐうたいしゃ）

祓殿王子からは徒歩3分で熊野本宮大社にたどり着く。長い道のりを歩いてくるとお参りへの思いもひとしお。道中の無事を感謝し、丁寧に参拝したい。

GOAL!

バス停
本宮大社前

徒歩すぐ

▲歩いて参拝に訪れた達成感を、存分に味わって

▲休憩所の前にはカボチャなどの地元食材の売店が出ることもある

徒歩20分

▶遥かな絶景を望むように立つ和泉式部の供養塔

3 伏拝王子（ふしおがみおうじ）

伏拝王子は熊野古道のなかで最初に熊野本宮大社旧社地(大斎原)を一望できる場所。長い旅路の末、あまりのありがたさに伏して拝んだことから名付けられた。和泉式部の供養塔も立つ。

START
船玉神社
発心門王子
① 発心門王子
案内板
猪鼻王子
発心門休憩所
② 水呑王子
熊野川
菊水井戸
③ 伏拝王子
石畳道
地蔵
果無山脈
三里富士を展望
三軒茶屋跡 ④
田辺市
ちょっと寄り道。
見晴台から大斎原の
大鳥居が見える
163
下向橋
石畳道
祓殿王子 ⑤
熊野本宮大社 ⑥
本宮行政局
GOAL
311
N
500m

熊野古道はどのルートも飲食店が少ないため旅のお供には古道弁当(☞P63)がおすすめです。予約が必要なところも多いので要チェック

世界遺産"川の参詣道"で川舟下りを体験しましょう

上流の熊野本宮大社と、下流の熊野速玉大社を結ぶ川の参詣道。
熊野三千六百峰に囲まれ、悠然と流れる熊野川を川舟で移動します。

▲霧が出やすく神聖な雰囲気が楽しめる、午前の部がおすすめ

川の熊野古道とは?

熊野参詣に訪れた平安時代の貴族が、熊野本宮大社から熊野速玉大社へ川舟に乗って熊野川を下ったと伝えられ、世界遺産に登録されています。

くまのがわふなくだり
熊野川舟下り

世界遺産にも登録された平安時代の川の参詣道を再現

船頭さんが操る木造の和船に乗って、熊野川の川舟下りを体験できる。事前に予約をして、本宮と新宮の中間地点にある「道の駅 瀞峡街道熊野川」内の熊野川川舟センターで受付を済ませたら、乗り場へ。語り部ガイドの解説を聞きながら、川面からの眺めを楽しみ、約90分で権現川原に到着する。

☎0735-44-0987(熊野川川舟センター)㊤新宮市熊野川町田長54-8(道の駅 瀞峡街道熊野川)㊨JR新宮駅から車で30分、熊野本宮大社から車で20分 ㋟15台 MAP P120B2

●予約方法:9〜17時受付、前日までに電話で要予約(☎0735-44-0987)
●料金:4300円(語り部付き)
※最小催行人数3名(運行期間3月1日〜11月30日)
●時間:定期乗合便 午前の部10時、午後の部14時30分(集合時間は各30分前)
※定期便のほか貸切便もあり

Start!

語り部ガイドが同乗して、川の参詣道の歴史や自然を解説してくれるのが魅力

出発地点
道の駅
瀞峡街道熊野川

蛇和田の滝

陰石

比丘尼転び

宣旨返り

布引の滝

1 葵の滝

2 なびき石

屏風畳折石

陽石

1 葵の滝

落差30mの滝。岩肌を割くように熊野川に激しく流れ落ちる姿が見事。白見の滝ともよばれる

2 屏風畳折石

びょうぶたたみおりいし
屏風が畳まれているように見える、不思議な石

骨嶋 ③
熊野権現に切られた
鬼神の骨と伝わる、真
っ白い大きな石

熊野川から北山川へ
上流の天然記念物・
瀞峡を巡る

国特別名勝の瀞峡を和船で巡る「瀞峡めぐり」。
玉置口サテライトから乗船する。9〜15時の
毎時出航で所要40分、料金3000円（2名から運航）、前日15時までに要予約（月曜休）。
☎0735-44-0987《熊野川川舟センター》
MAP P119E1

昼嶋 ⑤
昔、船頭たちが昼食をとった場所だ
ったことから、昼嶋という名がついた

御船島 ⑥
熊野速玉大社の裏手側にあ
り、ここで御船祭が執り行わ
れる。国の無形民俗文化財

飛雪滝
昼嶋
骨嶋 ③
④
釣鐘石
166

熊野川の絶景
このあたりは熊野川の
雄大な風景が広がる

到着地点
権現川原

⑥ 御船島 熊野速玉大社

熊野川 42

千穂ヶ峰

畳石

 N
500m

Goal!

釣鐘石 ④
大きな釣鐘をくりぬいたような
形の岩。崩れ落ちたらこの世が
終わると言い伝えられている

権現川原までの舟下
りを楽しんだら、下船
場所から徒歩5分の
熊野速玉大社に参拝

╲ 川舟下り前に立ち寄りたい！ ╱

かあちゃんのみせ
かあちゃんの店
道の駅 瀞峡街道熊野川に隣接する地
元食材と郷土料理の店。めはり寿司を定
食680円で味わえ、持ち帰りもできる。
☎0735-44-0480 ⌂新宮市熊野川町田長
54-7 ◯9〜16時（定食は11〜14時）⌂第2
水曜 ⓧJR新宮駅から車で30分 Ⓟ道の駅
瀞峡街道熊野川駐車場15台 MAP P120B2

店内には食事処とショッ
プがあり、持ち帰り用めは
り3個400円なども販売

熊野川では、平成23年（2011）の台風による災害の爪跡が随所に残り、以前は見られなかった滝も姿を現している。

熊野川畔に鎮座する聖地 熊野速玉大社にお参り

参拝所要 **30分**

熊野三山のなかで最も早く「熊野権現」の称号を受けた信仰の聖地。
病気平癒や良縁結びの御神徳があります。

▲拝殿は昭和28年(1953)に再建されたもの

 熊野速玉大社
くまのはやたまたいしゃ

世界遺産

熊野川を背景に鎮座する 神聖なる信仰の地

熊野速玉大神と熊野夫須美大神をはじ
め、十八柱の神々を祀る熊野速玉大社
は、約2千年前に神倉神社に降臨した
熊野の神を祀ったと伝わる。境内は朱
色の神殿や梛の大樹などみどころが満
載。また梛の大樹の向かいにある神宝
館には国宝や重要文化財を数多く所
蔵。平成16年(2004)「紀伊山地の霊
場と参詣道」として世界遺産に登録。

☎0735-22-2533 住新宮市新宮1 ¥境休
参拝自由 交JR新宮駅から徒歩15分 P20台
MAP P121B3

「熊野観心十界曼荼羅」の
絵解きを聞こう
くまの かんしんじゅっかいまんだら

戦国時代から江戸時代にかけて、
熊野比丘尼が信仰を広めるために
持ち歩き、熊野の御利益を説いた
曼荼羅。地獄極楽図ともいわれるこ
の曼荼羅の絵解きを誰でも聞くこと
ができる(所要時間約30分、料金1
人1000円、要問合せ)。

◀人の一生や死後の世界が描かれた曼荼
羅図の内容を神職が絵解きしてくれる

熊野比丘尼の装束で「絵解き風」観光案内

新宮市観光協会の登録ガイドが比丘尼装束で新宮の見どころを紹介する「川原家絵解き」が、毎週日曜・祝日の10時30分〜12時に川原家横丁（☞P68）で定期開催。料金無料、所要時間5〜10分。☎0735-22-2840（新宮市観光協会）

❖ 境内のみどころはココ！ ❖

▲御神門をくぐる際には軽く一礼しよう

❖ 拝殿 はいでん

御神門をくぐると左手前に拝殿があり、その奥に熊野夫須美大神を祀る結宮と熊野速玉大神を祀る速玉宮が並んで鎮座している。

門帳には勇々しい2羽の八咫烏が

▶境内には新宮神社、熊野恵比寿神社もある
◀鈴を鳴らして、心穏やかにお祈りしよう

❖ 御神門 ごしんもん

朱色が美しい御神門。昭和42年（1967）の建て替え前はもう少し深い朱色だったそう。御神門をはじめ社殿の紋帳には神武天皇を導いたと伝わる八咫烏が描かれている。

神宝館 しんぽうかん

国宝に指定されている1200点以上もの古神宝を収蔵、一部公開。拝観500円、開館9〜16時。

熊野権現の御神木 - - -

御神徳あるかも

『彩絵檜扇』は10握が国宝に指定

梛の大樹 なぎのたいじゅ

推定樹齢1000年の大樹は日本最大。平重盛の手植えと伝えられ、国の天然記念物に指定。

貴重な古神宝の一部を公開

ここにも立ち寄ってみよう！

神倉神社 かみくらじんじゃ 【世界遺産】

熊野の神様が最初に降臨した伝説の聖地

熊野速玉大社から麓まで徒歩15分の神倉山山上にある、飛地境内摂社。源頼朝の寄進によって造られた538段の石段を上ると、神々が降臨したといわれる巨岩が現れる。このゴトビキ岩を御神体として祀っている。

☎0735-22-2533（熊野速玉大社）🏠新宮市神倉1-13-8 🕐参拝自由 🚉JR新宮駅から徒歩15分 🅿16台 🗺️P121A4

▶ゴトビキとは新宮の方言でヒキガエルを指す ▲中腹にある鳥居。ここから石段はゆるやかに

📖 熊野速玉大社の駐車場は境内の横に隣接しています。朱塗りの鳥居をくぐって参拝したいときは、一旦戻らなければならないので注意です。

歴史や文化に触れながら
熊野速玉大社周辺の古道歩き

熊野速玉大社周辺の熊野古道は、意外にも新宮市街を歩くルート。
市の観光ガイドさんと歩けば史跡や熊野古道の話も聞けます。

新宮市観光協会🍀 登録ガイドって？

新宮市を中心に、その周辺の史跡や熊野古道の歴史について解説してくれる。熊野速玉大社や徐福公園など市内の史跡・神社1カ所の案内から、数カ所の史跡を巡りつつ熊野古道を歩くコースなど、行きたい場所を絞って相談できるのもうれしい。

私と一緒に歩きましょう

玉置 仁美さん

新宮でのガイド歴10年超のガイドさん。神話や現在の祭事などに詳しくて、わかりやすい解説をしてくれる。

しんぐうしかんこうきょうかいとうろくがいど
新宮市観光協会登録ガイド
☎0735-22-2840（新宮市観光協会）🕘9
〜17時💴新宮市まちなか観光案内ガイド料金2000円〜（史跡や神社など1カ所30分〜）
※予約は電話またはFAXで、原則1週間前までに要予約

ガイドさんコメント
この沼の孝行娘「おいの」さんの伝説は江戸後期の読本『雨月物語』のモデルともいわれています。

▲浮島の遊歩道はふわふわと雲の上を歩いているよう

うきじまのもり
2 浮島の森

沼地にぽっかりと浮かぶ島のような植物群落。温暖な地にありながら、寒冷地帯や亜熱帯系の植物が共存する珍しい生態系が見られる。町なかにあるのは世界的にも珍しい。

☎0735-21-0474（浮島の森案内所）🏠新宮市浮島3-38 💴110円 🕘9〜17時（12〜2月は〜16時）🈚無休 🚉JR新宮駅から徒歩10分 🅿5台 **MAP** P121B3

今回はこのルートを👣歩きました👣

START!

しんぐうしかんこうきょうかい
1 新宮市観光協会
新宮市が作成した町歩きマップなどももらえる。**MAP** P121B3

👣歩行距離 約5.5km
⏱所要時間 約4時間

かみくらじんじゃ
3 神倉神社
👉P53 **MAP** P121A4

START	①	②	③	④	⑤	⑥	⑦	GOAL
JR新宮駅	新宮市観光協会	浮島の森	神倉神社	熊野速玉大社	新宮（丹鶴）城跡	阿須賀神社	徐福公園	JR新宮駅
	約50m徒歩1分	約400m徒歩5分	約1.1km徒歩14分	約1.5km徒歩18分	約1.0km徒歩12分	約650m徒歩8分	約550m徒歩7分	約200m徒歩3分

ガイドさんコメント
お祭りの後は、ここからの景色も楽しんでください。太平洋まで望めるんですよ。

▶急な石段だが地元では走って上る人もいる

熊野古道酵母を使った日本酒

「尾﨑酒造」では、熊野古道の土壌から採取して培養した酵母を使った山廃純米酒 熊野紀行720mℓ 1408円を醸造・販売している。
☎0735-22-2105 MAP P121B3

▲石垣が残る本丸の跡

⑤ 新宮(丹鶴)城跡
しんぐう(たんかく)じょうあと

熊野灘に流れ込む熊野川を見下ろす高台に築かれた城の跡。紀州徳川家附家老の水野氏の居城の跡で、現在は丹鶴城公園として整備され、本丸などの石垣が残されている。

☎0735-22-2840(新宮市観光協会) 住新宮市丹鶴3-7688-2 Y● 休見学自由 交JR新宮駅から徒歩12分 P5台 MAP P121B3

▶朱塗りが美しい社殿、背後の蓬莱山の社叢は市の天然記念物に指定

⑥ 阿須賀神社
あすかじんじゃ

熊野川の河口にそびえる蓬莱山の麓に鎮座する神社。神倉神社に降臨した熊野の神々が、次にこの地に祀られたと伝えられ、熊野詣での人々が奉納した懸仏が多く出土。神社そばの新宮市立歴史民俗資料館で見ることができる。

☎0735-22-3986 住新宮市阿須賀1-2-25 Y●休境内自由 交JR新宮駅から徒歩10分 P7台 MAP P121C3

④ 熊野速玉大社
くまのはやたまたいしゃ

☞P52 MAP P121B3

ガイドさんコメント
自然信仰の熊野三山。それぞれ熊野川、那智の滝、ゴトビキ岩が信仰の起源なんですよ。

▶参拝する拝殿の奥に神々を祀る社殿がある

ひと足延ばして

◀王子ヶ浜に面した古道にあり、海神を祀っているといわれる

王子神社(浜王子)
おうじじんじゃ(はまおうじ)

徐福公園から約1.5kmほどのところにあり、熊野古道に点在する王子社のうちの一つ。地元の人にとっては重要な神社で、初詣もここから参詣するという人が多い。境内には栂の樹も植えられている。

☎0735-22-2840(新宮市観光協会) 住新宮市王子町1-14-32 Y●休境内自由 交JR新宮駅から徒歩25分 Pなし MAP P121C4

⑦ 徐福公園
じょふくこうえん

約2200年前、秦(中国)の始皇帝の命により不老不死の薬を手に入れるために派遣された徐福を記念して造営された。園内には徐福が発見したとされる薬草・天台烏薬が植栽されている。

GOAL!
☎0735-21-7672(一般財団法人新宮徐福協会) 住新宮市徐福1-4-24 Y●8時30分~17時 休無休 交JR新宮駅から徒歩2分 P7台 MAP P121B3

ガイドさんコメント
徐福さんは新宮が気に入り、ここで生涯を終えたんです。公園にはお墓もありますよ。

📖 上皇や天皇の熊野御幸では、御幸するのによい日を陰陽師に占定させ、日程を決めていたそうです。

日本一の滝と熊野の神仏を祀る 那智山をお参りしましょう

参拝所要 1時間40分

高低差日本一を誇る那智の滝を祀る那智山中腹の聖地。
熊野灘を望む、二つの霊場を巡礼しましょう。

社殿や瑞垣、鈴門は国の重要文化財

くまのなちたいしゃ
熊野那智大社 【世界遺産】

那智の大滝と 熊野の神々を祀る古社 ❶

神武天皇が東征の際に大滝を見出し、祀ったことが始まりと伝えられる。のちの仁徳天皇5年(317)に、滝のそばから熊野灘を望む現在地に社殿が遷された。6棟からなる朱塗りの本殿は幕末期の再建。主祭神の熊野夫須美大神を含め本宮、速玉大社と同じ十二柱と、滝を神格化した「飛瀧権現」の十三柱の神々が祀られている。

☎0735-55-0321 住那智勝浦町那智山1 Y⊕境内自由(授与所7時30分〜16時30分) 休無休(宝物殿は水曜休) Pバス停那智山から徒歩10分 P30台(通行料800円) MAP P121A2

❶神武天皇を導いたと伝わる八咫烏の彫像も境内に ❷石段の参道を上った山腹に社殿が立ち並ぶ

※熊野那智大社の御本殿前(内庭)は正式参拝で参入できる聖域。白玉石御奉納(1人1000円)でも参入可能です。

ココで開運！

**しょうれいしゃの
たいないくぐり**

樟霊社の
胎内くぐり

熊野那智大社の境内に枝を広げる樹齢850年以上の御神木には、幹に大きな洞が。護摩木（初穂料300円）を手に、くぐり抜けて開運を祈願。

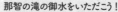

那智の滝の御水をいただこう！

那智の滝のお滝拝所に参入すると滝壺から引いた「延命長寿の水」とよばれる御水を神盃などに受けていただくことができます。初穂料は神盃100円、350mℓ瓶500円。持参容器で持ち帰りも可能。

なちさんせいがんとじ

那智山青岸渡寺 世界遺産

那智大滝を望む
西国三十三所第一番札所

那智の滝で修行をしたインド僧の裸形上人が観音像を安置した草庵が始まりと伝わる。滝に参籠をした花山法皇が西国三十三所の第一番札所に定めた。桃山時代の特色を残す本堂は天正18年（1590）に豊臣秀吉により再建されたもので、国の重要文化財に指定されている。☎0735-55-0001 住那智勝浦町那智山8 ¥⏰境内自由（授与所7時30分～16時30分）（三重塔拝観300円、9時～15時40分）休無休 交バス停那智山から徒歩15分 ₱80台（通行料800円）MAP P121A2

①境内から三重塔と那智の滝が流れる風景を望むこともできる ②西国三十三所観音霊場の巡礼者も多く訪れる ③本堂内の鰐口は秀吉の寄進

しらたまいしのごほうのう

白玉石の御奉納

神職によるお祓いを受けた後、飛瀧神社の斎場に特別参入して白玉石を奉納できる（初穂料1000円、8時30分～16時）

千日の参籠をした花山法皇が九穴の鮑貝を滝壺に沈めた伝説があり、滝壺の水は延命長寿のご利益があるとか。

なちのたき

那智の滝 世界遺産

断崖を流れ落ちる
那智山信仰のシンボル

ココで開運！

原生林に包まれた高さ133mの断崖を流れ落ちる滝で、日本一の落差を誇る。熊野那智大社の別宮、飛瀧神社の御神体で、神武天皇が東征の際に那智の山が光り輝くのを見てこの滝を見出したと伝えられる。お滝拝所から間近に参拝することができる。☎0735-55-0321 住那智勝浦町那智山 ¥⏰境内自由（お滝拝所参入300円、授与所7時30分～16時30分）休無休 交バス停那智の滝前から徒歩3分 ₱なし MAP P121A1

ひかりがみねようはいせき

光ヶ峯遥拝石

参道脇に祀られた巨大な丸石。那智山信仰の原点、光ヶ峯に通じるとされ、例大祭では遥拝の儀式が行われる。やさしく撫でるとご利益があるとか。

📖毎年7月14日に斎行される那智の扇祭り（P70）は熊野那智大社境内や那智の滝へ向かう参道、滝を望む御滝本で繰り広げられます。

石畳の参詣道が続く大門坂を歩き
熊野那智大社に参拝しましょう

熊野三山の一つ熊野那智大社や、名勝・那智の滝へは大門坂を歩きましょう。
杉木立に囲まれた石畳の参詣の道は、神聖な空気に包まれます。

熊野古道・大門坂とは？

熊野古道・中辺路を歩いて熊野那智大社に向かう全長約600m、高低差約100mの杉木立に包まれた石畳の道で世界遺産に登録。平安衣裳を着て歩くこともできる。

アクセス
JR紀伊勝浦駅から熊野御坊南海バス那智山行きでバス停大門坂まで18分、那智の滝まで24分
MAP P121C2

🌲 コースガイド 🌲

歩行距離	約2.7km
所要時間	約2時間

🚏 バス停 大門坂
↓ 200m 徒歩で約4分
① 大門坂入口
↓ 200m 徒歩で約4分
② 鏡石（大門坂）
↓ 10m 徒歩すぐ
③ 夫婦杉（大門坂）
↓ 30m 徒歩すぐ
④ 多富気王子
↓ 1.1km 徒歩で約40分
⑤ 熊野那智大社
↓ 徒歩すぐ
⑥ 那智山青岸渡寺
↓ 700m 徒歩で約15分
⑦ 那智の滝
↓ 徒歩3分
🚏 バス停 那智の滝前

START!

バス停
大門坂

① だいもんざかいりぐち 大門坂入口

大門坂バス停から約200m。参詣道は和歌山出身の学者、南方熊楠が那智原始林の研究のため滞在した大坂屋旅館前を通って向かう

② かがみいし 鏡石（大門坂）

大門坂の上り口、振ヶ瀬橋を渡った左手にある、「那智七石」の一つ。このほかに、鏡石から石畳を上った十一文関所跡前にある唐斗石や、那智山青岸渡寺の宿坊尊勝院の降石などがある

③ めおとすぎ 夫婦杉（大門坂）

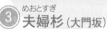

大門坂を訪れた人々を出迎えるのは参拝道の左右にそびえる一対の杉。ともに樹齢800年もの大木で、その姿はまるで寄り添う夫婦のよう

大門坂

熊野古道・中辺路の那智山に向かう参道で、世界遺産に登録。杉木立に包まれた石畳が今も残る。大門坂茶屋で平安衣裳を着付けしてもらって歩くのもいい。大門坂茶屋☎0735-55-0244（平安衣装着付は9〜16時、料金3000円〜）MAP P121C2

④ 多富気王子
たふけおうじ

中辺路最後の王子社

熊野古道中辺路沿いに祀られ、熊野詣での旅人が巡拝した九十九王子の一つ。現在は石碑のみだが、神仏に「手向け」をした場所からこの名がついたといわれる。那智山に最も近い王子社の跡なので、ぜひお参りを。

⑤ 熊野那智大社
くまのなちたいしゃ

滝と熊野の神々を祀る聖地

大門坂を歩き、さらに延々と続く階段の参道を上った高台に、那智の滝と熊野の神々を祀る壮麗な社殿が立ち並ぶ（☞P56）。

ジャンボ
おみくじ
高さ133mの那智の滝にちなんで作られた、長さ133cmのおみくじ。両手で抱えなければ持てないほど大きい

⑥ 那智山青岸渡寺
なちさんせいがんとじ

西国三十三所一番札所の寺院

熊野那智大社に隣り合って立つ寺院で、明治の神仏分離令までは熊野那智大社とともに神仏習合の霊場として栄えた（☞P57）。

GOAL!

⑦ 那智の滝
なちのたき

バス停
那智の滝前

御神体として祀られる滝

那智山青岸渡寺からさらに、鎌倉時代に築かれた石段の道を下った場所にある。断崖を流れ落ちる姿は荘厳そのもの（☞P57）。

ひと休みはここで

さぼう ちんちょうあん なちさんてん
茶房 珍重菴 那智山店

表参道から那智山青岸渡寺の山門下の道を三重塔へ向かった場所にあり、窓から那智の滝や熊野灘を眺めながら休憩できる。もうで餅と抹茶のセット385円。

☎0735-55-0811 住那智勝浦町那智山39 時10〜15時 休不定休 交バス停那智山から徒歩8分 Pなし
MAP P121B2

📖 有名な黒あめ・那智黒は、熊野一帯でとれる那智黒石製の碁石に似せて作ったことからその名がついたのだそう。

熊野三山のお守りで癒やしのパワーを授かろう！

八咫烏や梛がモチーフになった熊野三山の授与品をご紹介。
愛らしくて癒やされるありがたいお守りでご利益を授かりましょう。

熊野本宮大社（☞P46）

八咫ポスト絵馬 500円
境内に立つ八咫ポストにちなんだハガキサイズの絵馬。切手を貼って投函もできる。

八咫烏おみくじ 600円
愛らしい表情のヤタガラスのお腹にはおみくじが。マスコットとして飾るのもOK。

勝守 1000円
神武天皇を勝利に導いたヤタガラスにちなんだお守り。勝負事に勝つ、自分に勝つ！

熊野速玉大社（☞P52）

なぎ人形 2000円
ナギの実に1つずつ顔を描いて神職が手作りするお守り。家内安全や縁結びに。

なぎまもり 600円
ナギは古来、旅の安全や縁結びのご利益があるとの信仰が。ナギの実をつないだお守り。

ネックレス型お守 3000円
ナギのペンダントトップがついたネックレス型のお守り。ネクタイピン型もある。

熊野那智大社（☞P56）

縁結びの糸 500円
結びの神である主祭神の熊野夫須美大神にちなんだお守り。紅白の糸で縁結びを祈願。

注連縄守 800円
年2回張り替えられる那智の滝の滝口の注連縄がお守りに。厄除け、災難除けに。

神殿守 1000円
身近にお祀りできるミニサイズの宮型。ヤタガラスがよき方向へ導いてくれるという。

熊野三山のシンボル
八咫烏と熊野牛王宝印とは

熊野三山に詣でると、必ず目にするのが3本足の烏たち。
この烏をモチーフにした牛王宝印についても学びましょう。

八咫烏とは？

熊野の神々の御使いとされる八咫烏。八咫とは「大きく広い」という意味で、その体は太陽の化身を、三本の足はそれぞれ天・地・人を表しています。神武天皇を熊野から大和の橿原まで先導したという神武東征伝説から、勝利に導くとの信仰があり、JFA財団法人日本サッカー協会のマークにも採用されています。

[人]
人間を
表します

[太陽]
体は
太陽の化身を
表します

[地]
大地、
自然環境を
表します

[天]
すべての神々を
表します

牛王宝印は熊野三山に伝わる護符

八咫烏を表す烏文字を使って、描かれている牛王宝印。厄除けやお守りとして授与されるほか、熊野の神々に誓って重要な約束を交わす誓紙として使われた歴史がある。熊野三山の各神社で授与されるが、それぞれ描かれた内容や烏の数が違うなど特色があるので、ぜひ三社とも手に入れてみたい。初穂料各800円。

熊野本宮大社

熊野速玉大社

熊野那智大社

勝利を祈願！八咫烏の御守

ゴールに導くという八咫烏の信仰にちなんだサッカーや勝利のお守り。熊野三山の各社で授与される。

熊野本宮大社
サッカー御守 1000円
根付タイプと
御守タイプの2種

熊野速玉大社
サッカー御守 1000円
白地に描かれた根付
タイプのお守り

熊野那智大社
勝守 800円
赤色と青色の2種
がある

山の幸、川の恵みがいっぱい
滋味豊かな山里ご飯

自家菜園の野菜や季節ごとの地元の食材を生かした料理と
温かいおもてなしで、心に響くグルメを堪能しましょう。

地元米のご飯
中辺路でとれる自慢のお米で炊く季節の炊き込みご飯が魅力。定食では2種から選べる。

ベーグル
国産小麦と天然酵母で作る素朴な味わいのベーグルは地元でも古道歩きの旅人にも大人気。

**鶏のうま塩
からあげ 1210円**
ボリューム満点の唐揚げとサラダのプレートに、ご飯・味噌汁・小鉢・漬物が付いた定食。

**モーニング
1200円**
手作りのベーグルに目玉焼と新鮮なサラダ、野菜たっぷりのスープ、一品が付く。

地元中辺路の農家が育てたお米を炊き上げたホカホカのご飯が大好評！

国産小麦と天然酵母で手作り。日により6〜7種焼き上げ、1個180円で販売も（金・日曜のみ）。

中辺路
ねむのきしょくどう
ねむの木食堂
川を望むロケーションでランチを

店の横には富田川が流れており、川の景色に癒やされながら食事を楽しめる。料理は地元の食材にこだわった定食メニューが中心で、手作りのスイーツや酵母パンなどもおすすめ。

▲そばを流れる川を眺めながら食事できる
☎0739-64-1400
住田辺市中辺路町真砂1-2 ◯11〜17時 休月・火曜 交JR紀伊田辺駅から車で30分 P7台
MAP P118C2

中辺路
くまのやさいかふぇ
熊野野菜カフェ
野菜とベーグルでヘルシーに

熊野古道中辺路の近露王子にほど近く、手作りベーグルと地元野菜たっぷりのセットが古道歩きの旅人の朝食に大人気。玄米ご飯を選べる週替わりのランチは1350円〜でこちらも野菜たっぷり。

▲熊野古道に面した木造倉庫が洒落たカフェに
☎090-3964-4141
住田辺市中辺路町近露1139 ◯6時30分〜13時ごろ 休火・水・木曜 交JR紀伊田辺駅から車で1時間
P4台 MAP P119D2

古道弁当もオススメ

広い範囲に広がる熊野古道は、途中に店舗のないコースもあるのでお弁当を持参していくのがおすすめ。受取場所や配達場所は、予約の際に確認しておこう。

✿ **熊野古道弁当 1200円**

二段重ねの竹皮容器にめはり寿司などのおにぎりや煮物が盛り込まれている。要予約。
温泉民宿 大村屋
☎0735-42-1066
MAP P65B2

✿ **熊野詣弁当 1250円**

めはり寿司におかずが付く。さんま寿司入りもある。3日前までに要予約。弁当は火曜休。
道の駅 奥熊野古道ほんぐう
☎0735-43-0911
MAP P120A1

✿ **古道弁当 800円**

めはり寿司や唐揚げや鮭、煮物などのおかずが付く素朴なお弁当を販売。
めはり本舗三軒茶屋 本宮店
☎0735-42-1888
MAP P47

✿ **地元食材**

朝どり卵や野菜など地元食材が多彩に。ご飯は本宮の農家が愛情込めて育てた米を使用。

**塩とりそば
900円**
煮卵と焼豚、鶏胸肉、ゆずがトッピング。うま味たっぷりスープに細麺がほどよく絡む。

ミニ丼「金山寺味噌と食べる卵かけご飯」400円が絶品。地元農家が育てた本宮米を使用。

本宮町
とりそばしもじばし
とりそば下地橋

地元愛に満ちたラーメン専門店

熊野川に面した本宮町請川の木造の建物で営むラーメン店。昆布と丸鶏のうま味たっぷりのスープで味わう塩とりそばが人気。平飼い鶏の朝どり卵や新鮮野菜、地元米なども味わえる。

▲木材をふんだんに使った店内に癒やされる
☎070-8484-2545
住田辺市本宮町請川422-1 ⏰11〜14時、金〜日曜は17時30分〜20時 休火曜 交JR新宮駅から車で1時間 P10台
MAP P120A1

✿ **天然鮎**

自然豊かな熊野に流れる清流で育つ天然鮎は臭みがなく、ふっくらと濃厚なうま味が特徴。

**天然鮎定食
1800円**
新鮮な鮎を塩焼きと甘露煮で4匹も味わえる、大満足の定食。※日により変更の場合あり

6月に漁が解禁される鮎は地元の町民がとりに出かけ、注文をきいてから焼き上げるのでジューシー

本宮町
きっさこぶち
喫茶こぶち

清流のほとりで旬の鮎を

喫茶店だが、地元の川でとれた天然鮎が味わえる穴場の食事処。塩焼きや甘露煮などでシンプルに調理されており、天然の鮎しか使わないため、素材のうま味がそのまま味わえると地元でも評判。

▲窓からは外の清流が眺められる
☎0735-42-0432 住田辺市本宮町川湯1 ⏰11〜14時、17時〜19時30分 休不定休 交JR紀伊田辺駅から車で1時間45分 P4台 **MAP** P65B2

ねむの木食堂（☞P62）などでもお弁当を作ってくれます。予算や個数、受け取り方法や日時などを、事前予約が必要。

熊野古道を歩いた後は
熊野本宮温泉郷でリフレッシュしましょ

熊野本宮大社のお膝元で、古くから参詣者の身を清める湯垢離場として栄えた温泉郷。
平安のころから人々にパワーを授けてくれる"蘇りの湯"です。

くまのほんぐうおんせんきょう
熊野本宮温泉郷って
こんなところ

「湯の峰温泉」「川湯温泉」「渡瀬温泉」の三湯は総称して熊野本宮温泉郷とよばれる。豊かな自然に囲まれ、熊野本宮大社にほど近く、古くから熊野参詣の旅人が身を清め、疲れを癒やした名湯です。

アクセス

バス：JR紀伊田辺駅から熊野御坊南海バス発心門王子行きで、湯の峰温泉まで1時間48分、川湯温泉まで2時間、渡瀬温泉まで2時間

車：紀勢自動車道上富田ICから県道311号線経由で約65km

問合せ

熊野本宮観光協会 ☎0735-42-0735

広域MAP P120A1

ゆのみねおんせん
湯の峰温泉

4世紀ごろにこの地を支配していた熊野国造によって発見された、日本最古の湯といわれている。熊野詣での旅人が身を清めた湯垢離場でもある。

❶湯けむりが立ちこめる、情緒あふれる温泉街 ❷湯の峰の名の由来となった湯胸薬師を祀る東光寺

ゆづつ
湯筒

こんなお楽しみも

川べりに約90度の温泉が湧き出るスポット。周辺の売店で生卵を購入すれば、茹でて温泉卵作りを楽しめる。

MAP P65A1

❶底から熱湯が湧き出ている ❷生卵を浸してゆで卵を作ろう

世界遺産

つぼゆ
つぼ湯

川の中に立つ小さな小屋の中にあり、日によっては7回も色が変化するという不思議な湯

高温泉がわき上ついています。各自でかくにんして下さい。

うめ水を足した場合、必ず止めて下さい。

世界遺産に登録された湯船に浸かる

▲小さな湯小屋の中につぼ湯があり、受付で申し込めば貸切で入浴ができる。つぼ湯の入浴券で一般湯かくすり湯にも入浴することができる

つぼゆ
つぼ湯

熊野詣での湯垢離場と使用されていたつぼ湯は、天然岩の湯船の底から源泉が湧く。30分交代の貸切入浴のため、受付で番号札を受け取り順番を待とう。☎0735-42-0074（湯の峰温泉公衆浴場）**住**田辺市本宮町湯峰108 **￥**30分交代の貸切入浴、1人800円（一般湯1回400円、くすり湯1回600円）**⏰**6時～20時30分最終受付 **休**無休（メンテナンス休あり）**交**バス停湯の峰温泉からすぐ **P**50台 **MAP** P65A1

▲タイル張りのきれいな浴槽に、かけ流しの湯が注がれる

湯の峰温泉に伝えられている小栗判官の蘇生伝説とは

今から600年ほど昔、目も見えず口もきけない餓鬼の姿であの世から蘇生した小栗判官。妻の照手姫に助けられ木の車で湯の峰を目指し「つぼ湯」で湯治したところ元の姿に戻った…というのが小栗判官蘇生伝説。木の車を埋めた「車塚」などの史跡が残る。MAP P65A1

川湯温泉公衆浴場
かわゆおんせんこうしゅうよくじょう

昔ながらの銭湯感覚で温泉を楽しんで

温泉旅館街の中心部に位置し、昔ながらのたたずまいに心が落ち着く川湯温泉の外湯。夏は川遊び、冬は仙人風呂を楽しんだ後、じっくりと入浴を楽しむために訪れる客も多い。
☎0735-42-0735(熊野本宮観光協会) 住田辺市本宮町川湯1423 ¥300円 ⏰6時30分～20時 休火曜 交バス停川湯温泉からすぐ Pなし MAP P65B2

川湯温泉
かわゆおんせん

川底から温泉が湧き出している全国でも珍しい温泉。川原を掘れば、夏は川遊びとオリジナル露天風呂、冬は広大な混浴露天風呂の仙人風呂が体験できる。

▲冬には川そのものが露天風呂に

わたらせ温泉大露天風呂
わたらせおんせんだいろてんぶろ

大自然に囲まれた開放的な露天風呂

西日本最大級といわれる広大な露天風呂は、美肌効果も期待できるナトリウム炭酸水素塩泉。温泉地名は「わたぜ」だが、こちらは「わたらせ」という名称を使用。
☎0735-42-1185 住田辺市本宮町渡瀬45-1 ¥1000円 ⏰6時～21時30分最終受付(貸切露天風呂は8～19時30分) 休無休(不定休あり) 交バス停渡瀬温泉から徒歩3分 P200台 MAP P65A2

❶1つの風呂なのに複数の露天風呂が連なるような広さ ❷アマゴ酒2200円を湯に浮かべて飲むこともできる

渡瀬温泉
わたぜおんせん

川湯温泉から温泉トンネルをくぐった先の、四村川に囲まれたアウトドアエリアにある温泉。大自然が魅力の温泉リゾートで、広大な露天風呂やクアハウスなどがある。

▲茶屋などもあるので湯上がりには休憩を

▼川底から湧き出るお湯の温度は70℃以上

▶夏は川原を掘るだけで自分だけの露天風呂が

仙人風呂
せんにんぶろ

冬限定、大塔川が混浴露天風呂に!

川の水量が少なくなる12～2月末限定の温泉。川底から湧き出る湯に、大塔川の清流を引き入れて造る川湯温泉ならではの冬の風物詩。青空や星空を眺めながら大自然のなかの露天風呂を満喫できる。混浴なので水着を着用しよう。
☎0735-42-0735(熊野本宮観光協会) 住田辺市本宮町川湯 ¥無料 ⏰12～2月末の6時30分～22時 休期間中無休(増水時は入浴不可) 交バス停ふじ屋前から徒歩すぐ P35台 MAP P65B2

自然に囲まれた古道の宿で
ゆっくりくつろぎのステイを

熊野古道を歩き、豊かな自然のパワーで心が浄化された後は、
温泉宿で旅の疲れを癒やしましょう。

勝浦温泉

かつうらぎょえん
かつうら御苑

すべての客室から雄大な熊野灘が望め、夜には遠く漁火が見える旅情たっぷりの宿。露天風呂でも潮騒と熊野の神秘的な山々に抱かれ、心も体も癒やされる。マグロをはじめ勝浦自慢の海の幸を生かした料理も見逃せない。露天風呂付きのスイートルームに泊まれる女性限定プランもある。

☎0735-52-0333 住那智勝浦町勝浦216-19 交JR紀伊勝浦駅から徒歩7分 ※送迎あり P50台 室全89室 ●2011年8月一部リニューアル MAPP120C4

①海辺にある滝見の湯は和風建築でゆったりとした広さが落ち着く ②モダンな客室は全室オーシャンビュー。露天風呂付きの客室もあり、ゆったりくつろげる ③アメニティも充実しているので女性に人気

那智湾と熊野の山々を一望する
本格派和風リゾートで憩う

✛1泊2食付き料金✛
平日1万6500円〜
休前日1万8700円〜
✛時間✛
IN15時 OUT10時

弓なりの入江の海岸でブルービーチ那智海水浴場が目の前に

湯にこだわりがある湯の峰の名旅館

✛素泊まり料金✛
平日5760円〜
日帰り入浴600円
✛時間✛
IN16時 OUT10時

①男湯はゆったりとした広さの岩風呂に湯が注がれる ②湯の峰温泉公衆浴場にも隣接、つぼ湯の入浴にも便利な場所にある ③女湯の奥には露天風呂もある

湯の峰温泉

とうじやどいせや
湯治宿 伊せや

世界遺産「つぼ湯」のある湯の峰温泉の中心地にあり、熊野古道歩きにも便利な温泉宿。男女別の浴室には、源泉かけ流しのこだわりの湯が満たされ、浴槽に湯の花が舞う様子はみごと。宿泊は素泊まりのみで食事の提供はなし。客室は和の風情が漂い、ゆっくりとくつろげる。

☎0735-42-1126 住田辺市本宮町湯峯102 交バス停湯の峰温泉からすぐ P20台 室全14室 ●2013年リニューアル MAPP65A1

源泉かけ流し 部屋食 エステあり 禁煙ルームあり 大浴場あり ひとり宿泊OK

川湯温泉
ふじや
冨士屋

川湯温泉の老舗宿。すべての客室が大塔川に面し、熊野の自然を感じながらくつろぎの時間を満喫できる。露天風呂付き熊野モダンルームは、スタイリッシュなデザイン。貸切露天風呂（45分3300円）はファミリーやカップルでどうぞ。予約をすれば熊野古道への無料送迎もあり。

☎0735-42-0007 田辺市本宮町川湯1452 JR新宮駅から車で1時間 P30台 全31室 ●2008年リニューアル MAP P65B2

スタイリッシュな貸切風呂でまったり

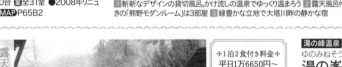

①斬新なデザインの貸切風呂。かけ流しの温泉でゆっくり温まろう ②露天風呂付きの「熊野モダンルーム」は3部屋 ③緑豊かな立地で大塔川畔の静かな宿

露天風呂や貸切風呂で湯の峰温泉の名湯を

①90℃の高温で自噴の温泉が自慢。3つある風呂はどれも一晩中入ることができる ②趣のある和室はゆったり広め ③料理は刺身を中心とした和食

湯の峰温泉
ゆのみねそう
湯の峯荘

石造りの露天風呂には、世界遺産のつぼ湯と同じ源泉の泉質のよいお湯がたっぷり。木造湯小屋の貸切風呂は2つあり、無料で利用できるのもうれしい。美熊野牛や猪など熊野の地元食材にこだわった料理も好評で、朝食には名物の温泉粥などの温泉料理が味わえる。

☎0735-42-1111 田辺市本宮町下湯川437 JR新宮駅から車で1時間 P30台 全26室 ●1996年全リニューアル MAP P65A2

渡瀬温泉
わたらせおんせん ほてるささゆり
わたらせ温泉 ホテルささゆり

大露天風呂と貸切露天風呂を併設するリゾートホテル。客室は和洋タイプが中心で心安らぐ空間が広がる。大自然に囲まれた充実の大露天風呂（☞P65）は宿泊者は無料で入ることができ、その広さは圧巻の迫力。心ゆくまで味わいたい。また、レンタサイクルも無料で利用できるので周辺を散策してみては。

☎0735-42-1185 田辺市本宮町渡瀬45-1 JR新宮駅から車で1時間 P200台 全30室 ●2005年リニューアル MAP P65A2

自然に囲まれた広大な露天風呂の醍醐味

①四季を感じられる4つの風呂が連なる、広い露天風呂 ②緑豊かな山間にある温泉リゾート ③和洋折表タイプの客室は落ち着いたたたずまい

ココにも行きたい

熊野三山・熊野古道のおすすめスポット

中辺路
くまののこどうかん
📷 熊野古道館

熊野古道も学べる休憩施設

12の王子社にちなんだ、十二角形の建物が目印の無料休憩施設。熊野懐紙や滝尻王子社の所蔵品などの展示もある。熊野古道の歴史紹介や観光案内などの情報がたっぷり得られるので、熊野古道散策前にぜひ訪れたい。**DATA**☎0739-64-1470 🏠田辺市中辺路町栗栖川1222-1 ⏰8時30分～17時15分 🈳無休 🚃JR紀伊田辺駅から車で40分 🅿40台 **MAP**P118C2

那智勝浦
ふだらくさんじ
🌲 補陀洛山寺　[世界遺産]

補陀洛渡海の出発点を訪ねる

生きながら南海の観音浄土を目指し、修行のため小さな船に30日分の食糧を載せ、外から釘を打ちつけ密室にして航海に出たという補陀洛渡海。この寺はその出発点として知られ、世界遺産に登録されている。本尊の千手観音は国の重要文化財に指定。**DATA**☎0735-52-2523 🏠那智勝浦町浜ノ宮348 🈳無料 ⏰8時30分～16時 🈳無休 🚃JR那智駅から徒歩3分 🅿20台 **MAP**P120C4

中辺路
かふぇ どりっか
🍴 cafe de Ricca

ログハウスで薪窯のピッツアを

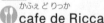

熊野古道中辺路が通う山並みを望む中辺路集落の高台に、芸術家夫妻が建てたログハウス。陶芸家のご主人が築いた薪窯で香ばしく焼き上げたピッツアや手作りのケーキなどが味わえる。ピッツアランチ1600円（ランチは11時30分～16時LO）。**DATA**☎0739-64-0102 🏠田辺市中辺路町栗栖川291-96 ⏰11時30分～16時LO 🈳水・木曜 🚃JR紀伊田辺駅から車で約1時間 🅿15台 **MAP**P118C2

熊野本宮
せかいいさんくまのほんぐうかん
📷 世界遺産熊野本宮館

熊野本宮と熊野古道の観光拠点

熊野本宮大社参道入口の目の前、地元の木材を使用した木造りの建物が目印。多彩なパネル展示や映像、資料で世界遺産「紀伊山地の霊場と参詣道」を紹介。熊野本宮の歴史や文化を紹介する展示や世界遺産、熊野関連図書のコーナーも充実している。**DATA**☎0735-42-0751 🏠田辺市本宮町本宮100-1 🈳入館無料 ⏰9～17時 🈳無休 🚃バス停本宮大社前からすぐ 🅿37台 **MAP**P47

新宮
かわらやよこちょう
🎵 川原家横丁

昔ながらの横丁でおみやげ選び

江戸初期から昭和にかけて熊野川河川敷には「川原家」という簡易商店が百数十軒も並んでいた。それを熊野速玉大社隣に再現した施設。地元の名産品や軽食、喫茶が楽しめる店が並び、速玉大社参拝の憩いの場として賑わっている。**DATA**☎0735-23-3333（新宮市商工観光課）🏠新宮市船町1-2-1 ⏰10～17時（店舗により異なる）🈳不定休 🚃JR新宮駅から徒歩15分 🅿あり **MAP**P121B3

中辺路
はしおりちゃや
🍴 箸折茶屋

中辺路を歩く人々のお腹を満たす

近露王子の隣にあるお茶処。店名は熊野古道のなかでもひときわ人気のある牛馬童子像が立つ箸折峠にちなんでいる。卵かけごはん400円などの軽食が食べられ、サイフォンで点てるコーヒー300円が味わえる。**DATA**☎0739-65-0033 🏠田辺市中辺路町近露902-7 ⏰7～16時 🈳月曜 🚃JR紀伊田辺駅から龍神バス発心門王子行きで1時間10分、近露王子下車すぐ 🅿5台 **MAP**P119D2

中辺路
たなべしりつびじゅつかんぶんかん
くまののこどうなかへちびじゅつかん
田辺市立美術館分館
熊野古道なかへち美術館

ガラスの宝石箱のような美術館へ

熊野古道、近露王子にほど近く、世界遺産の地にふさわしい企画展を開催。**DATA**☎0739-65-0390 🏠田辺市中辺路町近露891 🈳260円（特別展は別途）⏰10～17時 🈳月曜（祝日の場合は翌日）、祝日の翌日（土・日曜除く）🚃JR紀伊田辺駅から車で1時間 🅿26台 **MAP**P119D2

那智勝浦
かつうらぎょこうにぎわいいちば
🎵 勝浦漁港にぎわい市場

勝浦自慢の品を見て買って食べよう

那智勝浦漁港内で、地元自慢の特産品を直売する施設。イベントスペースでは大きなマグロを手際よく解体する様子が見学でき、飲食ブースでは新鮮な生マグロを使った丼や寿司などのメニューも味わえる。ショップも揃い、おみやげ探しにも便利だ。**DATA**☎0735-29-3500 🏠那智勝浦町築地7-12 ⏰8～16時（飲食ブース15時30分LO）🈳火曜 🚃JR紀伊勝浦駅から徒歩5分 🅿25台 **MAP**P103B1

熊野本宮
おしょくじししもじほんぐうてん
🍴 お食事しもじ 本宮店

自家製のうどんに鮎をのせて

熊野本宮大社や大斎原にほど近く、昼食や休憩に便利な食事処。香川県産の地粉を使ったうどんが自慢で、鮎の甘露煮をのせた、熊野鮎うどん1100円などがおすすめ。テーブル席や座敷のあるゆったりとした店内で味わうことができる。**DATA**☎0735-42-0312 🏠田辺市本宮町本宮285 ⏰9～14時LO（日曜、祝日は～15時）🈳水曜（不定休あり）🚃バス停本宮大社前からすぐ 🅿20台 **MAP**P47

新宮
旬魚 旬菜料理 魚群
しゅんぎょ しゅんさいりょうり なぐら

熊野灘の新鮮な海の幸をお手軽に

古い民家を改築した店内で、元漁師の主人が夫婦でもてなすアットホームな居酒屋。熊野灘の魚介を中心とした海の幸をリーズナブルに味わえる。おすすめの新鮮な魚介の刺身の盛り合わせ1300円〜は酒の肴として人気。旅の楽しいひとときを。**DATA** ☎0735-23-0623 住新宮市千穂2-1-18 ⏰17時30分〜22時 休不定休 交JR新宮駅から徒歩10分 **P**6台 **MAP**P121B3

新宮
東宝茶屋
とうほうちゃや

郷土食・なれずしを食すなら

塩漬けにしたサンマをご飯と一緒に木桶でひと月以上漬けこむ、なれずし1430円の名店。熊野地方の郷土食でもあり、この店では独特の酸味のある味わいが楽しめると地元の人にも評判だ。食べやすいよう酢でしめたサンマ寿司715円もある。**DATA** ☎0735-22-2843 住新宮市横町2-2-12 ⏰11時30分〜22時（中休み14〜17時）、要問合せ 休木曜 交JR新宮駅から徒歩10分 **P**4台 **MAP**P121B3

新宮
焼肉ひげ
やきにくひげ

特産の熊野牛を気軽に焼肉で

地域ブランド牛として知られる和歌山県産の高級黒毛和牛、熊野牛を手頃な値段で味わえる焼肉店。上バラ1人前1760円（写真は3人前）やホルモン715円〜など、豊富なメニューが揃う。**DATA** ☎0735-21-3488 住新宮市神倉4-3-19 ⏰17〜23時（祝日の場合翌日か翌々日） 休火曜 交JR新宮駅から徒歩15分 **P**11台 **MAP**P121B4

熊野本宮
茶房 靖
さぼう せい

大鳥居を眺めながらランチを

熊野本宮大社の旧社地、大斎原の大鳥居を窓から眺めながら食事ができるカフェ。熊野牛のミンチとたっぷりの野菜をじっくり炒めて作る熊野牛ドライカレー900円が名物。併設の工房で作る熊野本宮ガラスの器800円〜も店内ギャラリーで販売。**DATA** ☎0735-42-0147 住田辺市本宮町本宮294 ⏰9〜17時 休水曜不定休 交熊野本宮大社から徒歩3分 **P**5台 **MAP**P47

新宮
仲氷店
なかこおりてん

氷一筋60年、こだわりのかき氷

良質の原水をろ過し72時間かけてじっくり凍らせた純氷を、店頭でふんわり削ったこだわりのかき氷は絶品と評判。自家製小豆をのせた抹茶ミルク金時600円や手間ひまかけた自家製の蜜など、種類も豊富。スイカそっくりの形をしたスイカ氷300円も楽しい。**DATA** ☎0735-21-5300 住新宮市新宮551-12 ⏰9〜19時（季節により変動） 休不定休 交JR新宮駅から徒歩13分 **P**8台 **MAP**P121B3

熊野本宮
茶房珍重菴 本宮店
さぼうちんちょうあん ほんぐうてん

自家製餡のもうで餅でほっとひと息

熊野本宮大社の参道沿いにある。熊野無病息災もうで餅385円は、その日の朝ついた餅で餡を包み、玄米粉をかけた名物和菓子。素朴さ、温かさ、重厚さを感じながら、抹茶付きで味わえる。参拝の後の休息にぴったりだ。**DATA** ☎0735-42-1648 住田辺市本宮町本宮195-3 ⏰9〜16時 休木曜（繁忙期は無休） 交熊野本宮大社からすぐ **P**20台 **MAP**P47

熊野本宮
choux
しゅー

地元産の食材を使ったスイーツが絶品

熊野本宮大社や大斎原のほど近くにあるスイーツのテイクアウト店。地元産の旬の食材を使って手作りするシュークリームや焼き菓子が人気。梅酢チーズケーキ430円は、梅酢のほどよい塩味と酸味、風味がアクセントに。**DATA** ☎0735-30-0801 住田辺市本宮町本宮1571-15 ⏰11〜17時 休火・水曜 交バス停本宮大社前から徒歩9分 **P**4台 **MAP**P47

那智勝浦
山口光峯堂
やまぐちこうほうどう

那智黒石が生み出す熊野の芸術品

元祖那智黒硯の工房。那智黒石のなかでも希少な、通称「玉石」を磨きあげて作る「曼荼羅の径」1万3200円〜は、なめらかで絶品のすり心地が心を癒やしてくれる名品。那智黒石粉を固めた置物の「祈りふくろう」「やたからす」2420円〜なども。**DATA** ☎0735-55-0020 住那智勝浦町那智山167-2 ⏰8〜17時 休不定休 交熊野那智大社から徒歩5分 **P**なし **MAP**P121B2

中辺路
民宿ちかつゆ ひすいの湯
みんしゅくちかつゆ ひすいのゆ

中辺路散策途中で温泉に入る楽しみ

山間にあり、宿泊者でなくても温泉が利用できる宿。窓の外にはのどかな河原の風景が広がって開放的な気分に浸れる。とろとろのやわらかな湯質が自慢の美肌の湯は、源泉かけ流し。中辺路散策の疲れをゆっくりと癒やそう。**DATA** ☎0739-65-0617 住田辺市中辺路町近露401-12 ⏰600円 ⏰15〜20時 休不定休 交JR紀伊田辺駅から車で1時間 **P**20台 **MAP**P119D2

川原家横丁では毎週日曜に河原家絵解き（新宮参詣曼荼羅絵解き）が行われます（→P53）。

神霊を振るい起こす
神秘的で雄壮な熊野の火祭り

災いや厄を払ったり、けがれを清めたり、方向を導いたり…。
熊野信仰とともに、火をテーマにしたさまざまな祭りがあります。

清めの火

開催日	毎年7月14日
場所	熊野那智大社、那智の滝（飛瀧神社）

なちのおうぎまつり
那智の扇祭り

神が滝へ里帰りをする神事

神武天皇が東にある美しい土地を求めて出発した、いわゆる東征の折に、那智の滝を大己貴神（大国主命）の御霊代として祀ったことから始まった祭りで、日本三大火祭りの一つとされている。熊野の神々を表す12体の華麗な扇神輿が、燃え盛る重さ約50〜60kgもある12本の大松明に清められながら、熊野那智大社から那智の滝へ進んでいく。大松明に点火するのは滝の前で。

☎0735-55-0321（熊野那智大社）￥見学
自由 ⏰10〜16時 MAP P121A1〜2

▲燃え盛る松明が乱舞しながら進む様子は圧巻

祭りの行程をみてみよう

10:00 —11:00 —11:30

御本社大前の儀
神饌を供え敬礼

やまとまい（ちごのまい）
大和舞（稚児舞）
稚児による舞の奉納

なちのでんがく
那智田楽（ユネスコ無形文化遺産）
笛の音に合わせて締太鼓などの楽器を鳴らしながら踊る華やかな行事

12:15 —13:00

おうぎみこしとしんじ
御田植式
楽器を持ち田植歌を歌いながら田を巡る

扇神輿渡御祭
扇神輿12体は御本殿前に飾り立てられ、降神の儀を行い、その後神輿が出発する

13:30 —13:50

ふしおがみおうぎだてしんじ
伏拝み扇立神事
扇を開く様に順次神輿を立て起こし飾る

一・二・三の使発進
カラス帽をかぶった神職が、松明に火を点じ順次、使いを出す

13:57 —14:00

みつがみねえんぱいしんじ
光ケ峰遥拝神事
光ケ峰遥拝所に神饌をささげ、拝礼する

おたきもとしんじ（ひまつりぎょうじ）
御滝本神事（御火行事）
大松明に点火。12本の松明は順次御滝本石段を上り、扇神輿と出合うと神輿を清めながら、石段を下りて引きあげる

14:17 —14:25

おうぎほめしんじ
扇褒め神事
神職が神輿の第八神鏡を打ち、御滝本斎場に入る

おたきもとおおまえのぎ
御滝本大前の儀
飛瀧神社の大前に、神饌を供えて敬礼する

14:50

たかりしき
田刈式
御本社の田植式に続く儀式

14:55 —15:00 —15:30 —終了

なばくまい
那瀑舞
白装束の地元民が御滝御幸の歌を唱えて舞う

おうぎみこしかんぎょ
扇神輿還御
神輿が御滝本より旧参道を通り御本社に帰着する

おうぎみこしかんぎょさい
扇神輿還御祭
諸行事を終えた扇神輿は御本社に戻る

※祭り、イベントに関しては内容が変更される場合があります

熊野は蘇りの地

神武東征以来、"蘇り"の力をもつとして信仰を集めた熊野には、歴代の上皇も多く参拝に訪れた。熊野速玉神社には歴代の上皇の熊野御幸の記録が刻まれた石碑がある。

◀総勢50人の時代行列が大鳥居へ向かう ▼壺装束をまとった女人が導きの火を運ぶ

導きの火

開催日	11月26日
場所	熊野本宮大社、大斎原

やたのひまつり
八咫の火祭り

大鳥居に向かう火の行列

奥深い熊野の山中で迷ってしまった東征中の神武天皇一行のため、天照大御神が使いに送ったのが八咫烏。八咫烏に導かれ、神武天皇一行は正しい道に戻ることができたという言い伝えにならい、行われる祭り。熊野本宮大社から旧社地の大斎原までの御幸道に和ロウソクが灯り、伝統の衣装をまといロウソクを持った人々が歩く古式ゆかしい時代行列は、事前予約で一般参加も可能。

人々を幸福に導く、導きの祭りとして親しまれている。
※開催日変更の場合あり
☎0735-42-0735(熊野本宮観光協会)
Ⓨ見学自由 Ⓒ15時〜17時30分ごろ ⓂⒶⓅP47

▶竹筒に入れられた導きの火

迎え入れの火

おとうまつり
お燈まつり

開催日	毎年2月6日夜
場所	神倉神社

男たちが運ぶ天駆ける炎

神武天皇東征の折、高倉下命が松明を掲げて熊野に迎え入れたという神話から、屈強な男たちが松明を持って神倉神社の参道の石段を一気に駆け下りるという奇祭になった。神の使いとされる約2000人の男たちが、白装束に身を包み神火である松明を掲げて石段を下りるさまは、まるで火の川のよう。祭りに参加できるのは男性のみ。当日は女性の入山が禁止となり、女性が見学できるのは境内の外からのみ。
☎0735-22-2533(熊野速玉大社)
Ⓨ見学自由(入山不可) Ⓒ17〜21時ごろ ⓂⒶⓅP121A4

❶白装束の男たちが松明を手に538段の石段を駆け下りる ❷一年の家内安全などを祈願しながら走る

ほかにもあります 熊野の祭り

開催日	1月7日
場所	熊野本宮大社

やたがらすしんじ
八咫烏神事(特殊神事)

元日に境外社の真名井社からとった若水で墨をすり、その墨で刷った護符を7日の夜に松明の火で清める宝印押初めの神事。神職が宝印を押捺する白玉牛王はこの神事でのみ授与される。☎0735-42-0009(熊野本宮大社) Ⓨ見学自由 Ⓒ17時 ⓂⒶⓅP47

◀松明の火の中で厳かに行われる

開催日	毎年4月13〜15日
場所	熊野本宮大社、湯の峰温泉、大斎原

くまののほんぐうたいしゃれいたいさい
熊野本宮大社例大祭

和歌山県無形民俗文化財の湯登神事のほか、本殿祭、渡御祭などの神事が行われる。☎0735-42-0009(熊野本宮大社) Ⓨ見学自由 Ⓒ13日9時〜15日17時ごろ ⓂⒶⓅP47・65

◀参道を進む渡御祭の行列

開催日	毎年10月15、16日
場所	熊野速玉大社、御船島

くまのはやたまたいしゃれいたいさい
熊野速玉大社例大祭

例大祭のうち、「神馬渡御式(しんめとぎょしき)」は15日の14時ごろ、早船が御船島を3周する速さを競う「御船祭り(みふねまつり)」は16日の16時半ごろから行われる。☎0735-22-2533(熊野速玉大社) Ⓨ見学自由 Ⓒ11〜18時 ⓂⒶⓅP121B3

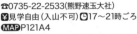

◀若者が9隻の早船で早さを競う

世界遺産に登録された熊野古道についてお勉強

世界でも珍しく「道」が世界遺産に登録された熊野古道。
何のための道で、どんな歴史があるのか？ を勉強しましょう。

熊野古道ってどんな道？

熊野三山や吉野・大峯、高野山を巡礼するための参詣道は、小辺路、大辺路、中辺路、紀伊路、伊勢路、高野参詣道、大峯奥駈道の7つ。そのうち小辺路、大辺路、中辺路、紀伊路、伊勢路が「熊野古道」とよばれている。

紀伊路（きいじ）

大阪を起点に中辺路につながるルート。田辺を経て中辺路へ入っていくが、交通の要所である田辺までは道路がほとんど舗装されてしまっているため、世界遺産には未登録。

高野参詣道（こうやさんけいみち）

高野参詣道は霊場高野山へ向かう複数の道。空海が開いたという町石道は、九度山から壇上伽藍を経て奥之院へ向かう主要ルート。ほかに、紀の川から高野山へ向かう京大坂道や黒河道、三谷坂、高野山の外周を巡る女人道などがある。

大峯奥駈道（おおみねおくがけみち）

『続日本紀』や『日本霊異記』に登場する修験道の開祖とされる役行者によって開かれたといわれる修験道の修行の道。1000〜1900mの峰々を踏破する険しいルートで、一部女人禁制の場所もある。

小辺路（こへち）

密教の聖地である高野山と、熊野三山の一つ熊野本宮大社を最短で結ぶ道。主に江戸時代、参拝に使われた道で1000m級の峠を3つも越える難路だが、雄大な自然が残る古道だ。茶屋跡や石仏などに往時の面影が色濃く残るルートでもある。

伊勢路（いせじ）

伊勢国・伊勢神宮と熊野三山という2つの聖地を結ぶルート。東国からの熊野詣での重要なルートであり、古来より「伊勢へ七度、熊野へ三度」といわれた信仰の路であった。峠や竹林、波打ち際の浜辺など、変化に富んだ景色が楽しめる。

中辺路（なかへち）

平安時代から現代に至るまで最も頻繁に利用された王道ルート。田辺から熊野の入口として重要視される滝尻王子までは舗装道路が多いが、そこから熊野本宮大社までは江戸時代の石畳が残る道やほのぼのとした里山の風景が続く。

大辺路（おおへち）

田辺から海沿いに紀伊勝浦の浜の宮王子に至る、和歌山の南部をぐるっと囲む長距離ルート。道はほとんど舗装されており、永い年月の間で古道らしい風景はなくなってしまったが、海と山がつくりだす美しい景色が楽しめる。

🔍 世界遺産に登録されたのはどこ？

「紀伊山地の霊場と参詣道」として世界遺産に登録されているのは、和歌山・奈良・三重の3県26市町村にまたがる広大なエリア。修験道の拠点「吉野・大峯」、熊野信仰の中心地「熊野三山」、真言密教の根本道場「高野山」の三霊場と、それらを結ぶ「参詣道」。参詣道には大峯奥駈道、中辺路、熊野川（川の参詣道）、小辺路、大辺路、伊勢路、高野参詣道などが登録されている。

山上に開かれた天空の宗教都市
高野山をお参りしましょう

標高約1000メートル級の八つの峰々に囲まれた高野山は、
今から約1200年前、空海（弘法大師）によって開かれた聖地。
凛とした空気に包まれた壇上伽藍と奥之院の二大聖地を巡り、
宿坊ステイや阿字観・写経などを体験すれば、
きっとすがすがしい気持ちになれるでしょう。

高野山は
ココにあります！

和歌山
高野山

熊野本宮大社
白浜
熊野那智大社
熊野速玉大社

これしよう！

高野山二大聖地の壇上伽藍と奥之院にお参りを。金剛峯寺は高野山真言宗の総本山。内部を拝観できるのでぜひ訪ねたい。写経や瞑想など修行体験や精進料理もオススメです。

高野山への access

●山内の南海りんかんバスのおもなバス停

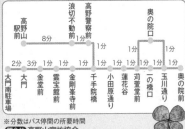

高野山駅前
浪切不動前
高野警察前
8分
1分
奥の院口
1分
1分
1分

大門南駐車場
大門
金堂
霊宝館前
金剛峯寺前
千手院橋
小田原通り
蓮花谷
苅萱堂前
一の橋口
玉川通り
奥の院前

2分 3分 1分 1分
1分 1分 1分 1分 1分 1分

※分数はバス停間の所要時間
問合せ 高野山宿坊協会
☎0736-56-2616 MAP P124C4

空海が開いた天空の宗教都市

高野山
こうやさん

約1200年前に空海（弘法大師）が開いた真言密教の聖地。平成16年（2004）には「紀伊山地の霊場と参詣道」として世界遺産に登録され、国内外から多くの人が訪れています。標高約900mの山上に、壇上伽藍や奥之院の二大聖地をはじめ、みどころ満載です。

こんなところ

お得なチケット諸堂共通内拝券

高野山内の5つの施設、金剛峯寺、金堂、根本大塔、大師教会授戒料、徳川家霊台の拝観料・見学料がセットになったチケット。高野山宿坊協会で購入できる。
¥2500円

レンタサイクルも便利です

高野山内は平坦な道が多いので、レンタサイクルもおすすめ。貸出は高野山宿坊協会にて。
¥1時間400円（電動アシスト付）
※サイクリングの際は、乗用車用ヘルメットを持参・着用しましょう。

音声ガイドあります

高野山内103カ所のみどころを解説するイヤホン付き音声ガイド機。日本語、英語、フランス語、中国語、韓国語に対応している。貸出は高野山宿坊協会で。
🕐8時30分〜16時30分
¥1台500円

～高野山 はやわかりMAP～

極楽橋へ　高野山ケーブル
高野山駅
高野山駅前

清不動堂

奥之院参道
<ruby>奥の院参道</ruby>
杉木立が約2km続く奥之院までの参道沿いには、墓石やお地蔵さまが並ぶ。

奥之院
(☞P78) **4**

転軸山
転軸山森林公園

転軸山公園前

御廟橋
織田信長供養塔
豊臣家墓所
一番石
化粧地蔵

高野山
中之橋霊園

中之橋霊園

明智光秀供養塔

姿見の井戸
汗かき地蔵

武田信玄・勝頼供養塔

奥之院参道

対面桜
<ruby>たいめんざくら</ruby>
根本大塔の再建後、平清盛が弘法大師と出会った場所とされる。現在は中門前に高札がある。

バス専用道

女人堂
女人堂

一心口

蓮華定院

徳川家霊台

浪切不動前
丹生神社

金剛峯寺
(☞P80) **2**

高野町役場

常喜院

高野山宿坊協会

三宝院

一手院横

恵光院

一の橋

玉川通り

奥の院前

橋本へ

高野山高

壇上伽藍 1
(☞P76)

大門
かつらぎへ

弁天前
愛宕前
金堂前

金剛峯寺前

蛇腹路

霊宝館前

高野山霊宝館

お助け地蔵尊

高野山霊宝館 3
(☞P81)

大門南駐車場

高野山小

花園へ

苅萱堂

一の橋口
苅萱堂前

高野山会館

200m

高野山

～高野山 おすすめコース～

おすすめコースは
3時間

主なみどころを巡る王道コースは、大門から奥之院まで約5kmほど。すべて徒歩でまわることができるが、奥之院の参道は約2km続くので、歩きやすい靴で行こう。

スタート
バス停 大門

徒歩5分

1
見学
壇上伽藍

根本大塔や金堂など重要な堂塔が立ち並ぶ高野山二大聖地の一つ。

徒歩5分

2
見学
金剛峯寺

高野山真言宗の総本山。襖絵や庭園が見事な主殿や別殿内を拝観しよう。

徒歩5分

ゴール
バス停 奥の院前

徒歩3分

3
見学
高野山霊宝館

高野山に伝わる貴重な宗教美術品を収蔵。企画展や常設展示で公開される。

徒歩1時間

4
見学
奥之院

弘法大師の御廟を祀る聖地。約2kmの参道沿いは供養塔が立ち並ぶ一大霊場。

徒歩20分

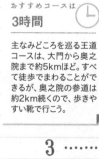

高野山の二大聖地の一つ
壇上伽藍を巡りましょう

参拝所要 1時間

空海が高野山を開創した際に、最初に整備した場所。
広い台地に金堂や根本大塔など、19の堂塔が配置されています。

だんじょうがらん
壇上伽藍

曼荼羅の世界を表した聖地

弘仁7年（816）空海が高野山を開いた際、最初に諸堂が建立された真言密教の道場の中核となる場所。朱塗りが美しい根本大塔、重要な儀式が行われる金堂、御社、御影堂などの堂塔や社殿が立ち並び、歩いて巡ることができる。根本大塔と金堂は内陣を参拝できる。☎0736-56-3215 住高野町高野山152 ¥拝観自由（根本大塔・金堂内陣各500円※8時30分〜16時45分最終受付）休無休（行事により拝観不可の場合あり）交バス停金堂前からすぐ P25台 MAP P124B4

①根本大塔の華麗な内陣。本尊の大日如来を囲む16本の柱には十六大菩薩が描かれている ②根本大塔は高さ48.5mで、現在の塔は昭和12年（1937）の再建

こんぽんだいとう
根本大塔 ⑧

高野山のシンボル

真言密教の根本道場として建立された、日本で最初の多宝塔。内陣には胎蔵界の大日如来と金剛界の四仏が安置され、両界曼荼羅の世界が立体的に表現されている。

🌿 コースガイド　所要時間 約1時間

🚏バス停 金堂前	⑥御影堂
①中門 START!	⑦三鈷の松
②金堂	⑧根本大塔
③六角経蔵	⑨大塔の鐘
④御社	⑩不動堂
⑤西塔	⑪蛇腹路 GOAL!
	🚏バス停 金剛峯寺前

ちゅうもん
中門 ①

聖域を守る仏像にも注目！

天保14年（1843）の大火から172年ぶりに再建。高野山開創1200年を記念し平成27年（2015）4月に落慶法要が営まれ、修復・新造された四天王像を安置。

▲壇上伽藍の南にそびえ立つ中門

増長天像　広目天像　持国天像　多聞天像

こんどう
金堂 ②

一山の総本堂

高野山開山当時に創建され、高野山の総本堂として重要な行事のほとんどがここで行われる。昭和9年（1934）に造立されたご本尊の薬師如来像は高村光雲作で秘仏。

▲秘仏を祀る厨子の両脇に諸尊を安置

金剛薩埵　不動明王　普賢延命菩薩　虚空蔵菩薩　降三世明王　金剛王菩薩

壇上伽藍は
高野山町石道の
スタート地

壇上伽藍に立つ卒塔婆形の石柱は高野山町石道の一町石。根本大塔の下に立つのは奥之院へ向かう金剛界一町石（写真）。中門左手の木立の中にあるのは山麓の慈尊院（☞P90）に向かう胎蔵界一町石だ。

ろっかくきょうぞう
六角経蔵 ③
基壇を周って読経の功徳を

鳥羽上皇の皇后、美福門院得子が夫の菩提を弔うために平治元年（1159）に建立。現在の建物は昭和9年（1934）に再建され、基壇の把手を押して一周すると功徳があるとか。

みやしろ
御社 ④
空海が勧請した地主神

高野山開創の際、空海が天野の丹生都比売神社（☞P91）から丹生明神と高野明神を勧請して地主神として祀ったのが始まり。現在の社殿は文禄3年（1594）の再建で重要文化財。

さいとう
西塔 ⑤
密教思想を表す多宝塔

真言密教の世界観を表すために根本大塔と一対をなす塔として仁和2年（886）に光孝天皇の勅命で創建された。現在の塔は天保5年（1834）の再建。内部は非公開。

みえどう
御影堂 ⑥
お大師様の御影を祀るお堂

空海の持仏堂だった建物。のちに弟子が描いた御影が祀られ、今の名になった。内部は非公開だが、毎年旧暦3月21日の前夜に外陣からの参拝が許される。

さんこのまつ
三鈷の松 ⑦
高野山開創伝説の不思議な松

空海が日本で密教を広める聖地を占い、唐の国から宝具の三鈷杵を投げたところ、この松の枝に架かっていたとの伝説がある。松葉が3本と珍しく、拾って御守にする人も多い。

だいとうのかね
大塔の鐘 ⑨
山内に時を告げる巨大な鐘

重量6トンの巨大な鐘。天文16年（1547）の改鋳当時、国内4番目の大きさだったことから高野四郎ともよばれる。時を告げるのは朝4時から夜の23時まで、1日5回。

ふどうどう
不動堂 ⑩
八大童子像が安置されていたお堂

建久9年（1198）に創建された鎌倉時代の和様建築で、国宝に指定。平安貴族の邸宅を思わせる優美な造りで、明治41年（1908）に一心谷からこの地に移築された。内部非公開。

じゃばらみち
蛇腹路 ⑪
新緑と紅葉に彩られる小道

不動堂前から金剛峯寺方面へ向かう小道。高野山の地形を東西に横たわる龍になぞらえると、このあたりがお腹にあたることからこの名でよばれる。沿道のカエデも見事。

春は新緑、秋は紅葉の名所で知られる

📖 参拝順序は高野山修行僧が行う「両壇遶堂（りょうだんにょうどう）次第」に則っています。

お大師様が今も瞑想を続ける 聖地・奥之院へ

所要時間 **2時間**

永遠の禅定に入り、今も人々の救済を願い続ける弘法大師空海の御廟を祀る聖地。静かな気持ちでお参りをしましょう。

おくのいん
奥之院

弘法大師信仰の中心聖地

承和2年(835)3月21日に62歳で永遠の禅定に入られ、のちに「弘法大師」の諡号を醍醐天皇から賜った空海の御廟がある大師信仰の聖地。一の橋から御廟へ続く約2kmの参道は杉木立に包まれ、お大師様を慕い建立された時代を越えた人々の墓碑や供養塔が並び立つ。

☎0736-56-2002 🏠高野町高野山550
🕐参拝自由(燈籠堂開扉は6時〜17時、受付は8時30分〜17時、変動あり)🚌バス停奥の院口からすぐ 🅿中の橋駐車場200台
MAP P125F2

ごびょうばし
御廟橋 ⑧

御廟の聖域に 向かう橋

御廟へ向かう参道に架かる最後の橋で、ここから奥は重要な聖域。お大師様がここまで送り迎えして下さると言い伝えられ、渡る前や帰る時にも一礼をするのが習わし。

❶御廟橋を渡って燈籠堂での法会に向かう僧侶の列 ❷36枚の橋板と橋全体が金剛界37尊を表していると伝えられる

🥾 コースガイド   所要時間 **約2時間**

🚏バス停 奥の院口
↓徒歩すぐ START!!
❶ 一の橋
↓徒歩15分
❷ 武田信玄・勝頼供養塔
↓徒歩13分
❸ 汗かき地蔵
↓徒歩すぐ
❹ 姿見の井戸
↓徒歩5分

⑤ 一番石
↓徒歩10分
⑥ 豊臣家墓所
↓徒歩5分
⑦ 織田信長供養塔
↓徒歩2分
⑧ 御廟橋
↓徒歩3分 GOAL!
⑨ 燈籠堂
↓徒歩20分
🚏バス停 奥の院前

しょうじんぐ
生身供

永遠の禅定に入って人々を見守る弘法大師に、今も僧侶がお食事を運ぶ。毎朝6時と10時30分ごろ、御供所を出発して、御廟橋を渡って御廟前の燈籠堂へ向かう。

あじみじぞう
嘗試地蔵

御供所で調理されて櫃に入れられた弘法大師のお食事は一旦、嘗試地蔵に供えられてから、燈籠堂へと運ばれてゆく。

とうろうどう
燈籠堂 ⑨

献灯が輝く御廟の拝殿

弘法大師御廟を礼拝するためのお堂。堂内には白河上皇が献じた「消えずの火」と呼ばれる灯明が1000年以上燃え続け、2万基以上の献灯が輝きを放っている。

▼堂内は荘厳な雰囲気が漂う

夜の参道を歩いて御廟にお参りする お逮夜ナイトウォーク

空海が入定された日の前夜、7月を除く毎月20日19時に一の橋前に集合。奥之院参道を歩いて弘法大師御廟を参拝する地元主催のツアー。参加費無料（提灯貸し出し100円）、当日集合場所で受付。
☎0736-56-2468（高野町観光協会）

いちのはし
一の橋 ①

参道で渡る最初の橋で一礼を

奥之院へ向かう参道入口にあり、最初に渡る橋なのでこの名がある。ここから弘法大師の御廟へ、約2kmの参道が続く。合掌一礼をしてから、橋を渡ろう。

あせかきじぞう
汗かき地蔵 ③

身代わりになって下さるお地蔵様

中の橋のたもとのお堂に祀られているお地蔵様。いつもしっとりと汗をかいているのは、人々の身代わりになって地獄の責め苦を受けているから、と伝わる。

すがたみのいど
姿見の井戸 ④

伝説の井戸に姿を映そう

汗かき地蔵のかたわらにある井戸。水面をのぞいて、自分の姿が見えなければ、3年以内に命がなくなるとの言い伝えがある。汗かき地蔵とともに高野山七不思議に数えられる。

ここにも立ち寄ろう

りゅうすいかんじょう
流水灌頂

御廟橋の左手、玉川の中に立てられている卒塔婆は亡くなった方を供養するため建立されるもので、流れ灌頂ともよばれる。左右6本の卒塔婆は六地蔵を表している。

[地図/Map]
- お逮夜ナイトウォークへ
- ① 一の橋 / 奥の院口
- 高野山宿坊協会・一の橋案内所
- 玉川通り
- 司馬遼太郎文学碑
- 数基地蔵
- 上杉謙信・景勝供養塔
- ③ 汗かき地蔵
- 中の橋
- 覚鑁坂
- 密厳堂
- 伊達政宗供養塔
- 石田三成供養塔
- 明智光秀供養塔
- 奥の院前
- ② 武田信玄・勝頼供養塔
- ④ 姿見の井戸
- ⑦ 織田信長供養塔
- ⑥ 豊臣家墓所
- ⑤ 一番石
- ⑧ 御廟橋
- 弥勒石
- ⑨ 燈籠堂
- 御供所
- 水向地蔵
- 仲良し地蔵
- 化粧地蔵
- しろあり供養塔
- 大筆供養塔
- UCC上島珈琲供養塔
- 中の橋案内所

戦国武将の供養塔を訪ねよう

奥之院の参道沿いには戦国武将や大名など歴史的著名人の墓石も数多い。探して巡って歴史探索を楽しんでみよう。

とよとみけぼしょ
豊臣家墓所 ⑥

高台の広々とした敷地に豊臣秀吉の母や淀君らの墓が並ぶ。秀吉は天下統一を成し遂げ、高野山を保護した。

いちばんいし
一番石 ⑤

二代将軍徳川秀忠の奥方、崇源院（お江）の供養塔。高さ6.6mあり、奥之院最大なのでこの名が。

たけだしんげん・かつよりくようとう
武田信玄・勝頼供養塔 ②

武田信玄（恵林寺殿）と息子である勝頼（法泉殿）の供養塔。ちなみに好敵手上杉謙信の霊屋は道向かいに。

おだのぶながくようとう
織田信長供養塔 ⑦

本能寺の変に倒れた信長の供養塔。長らく所在が不明だったが、御廟橋の近くにあると判明した。

 奥之院の参道沿いには、様々なお地蔵様が安置されています。化粧地蔵はお化粧をして差し上げると美人になるご利益があるとか。

高野山真言宗の総本山
金剛峯寺を拝観しましょう

堂内には襖絵が見事な主殿の大広間や別殿、雲海を泳ぐ龍を表す石庭など、みどころがたくさん。ぜひじっくりと時間をかけて巡ってみましょう。

見学所要
40分

せいもん
正門

文禄2年（1593）に再建された格式が高い門で、正面からの出入りは皇族や高野山の重職のみが許されていた。今も高野山の一般僧侶は横の小さな潜戸を通る。

しゅでん
主殿

もとは豊臣秀吉が亡き母の菩提を弔うために建立させた寺院、青厳寺の建物で、現在の建物は文久3年（1863）に再建された。大広間や上段の間、奥書院などの部屋や台所がある。

白川砂が雲海を、花崗岩が龍を表し、雌雄の龍が奥殿を守る様子が表現されている

おおひろま
大広間

重要な儀式や法会が行われる部屋。襖絵の『群鶴図』は斎藤等室の筆と伝わる。奥に持仏間があり、弘法大師坐像と歴代座主の位牌を祀っている。

ばんりゅうてい
蟠龍庭

国内最大級の広さを誇る石庭で、昭和59年（1984）の弘法大師御入定御遠忌大法会を記念して造営。四国産の花崗岩140個が配され、京都の白川砂が敷き詰められている。

じょうだんのま
上段の間

かつて天皇や上皇が高野山を訪れた際の応接間として用いられた部屋で、現在も重要な儀式に使われる。純金箔押の壁や折上敷格天井など格式の高さが伺える。

こんごうぶじ
金剛峯寺

総本山の建物内を一般公開

全国に三千余の末寺を持つ高野山真言宗の総本山。高野山山内にある117か寺の中心で、重要な儀式がここで行われる。高野山真言宗管長兼金剛峯寺座主の住まいでもある。明治2年（1869）に青厳寺と興山寺の2つの寺が統合された広大な建物内を巡って拝観できる。拝観後、新別殿ではお茶の接待も受けることができる。

☎0736-56-2011 🏠高野町高野山132 ¥拝観1000円 ⏰8時30分～17時 休無休 交バス停金剛峯寺前からすぐ P81台
MAP P124B3

おくしょいん
奥書院

上段の間と同じく高野山で最高の格式をもつ部屋で、皇族方の休憩所として使用されていた。座敷内には囲炉裏があり、冬には薪で暖を取っていた。

だいどころ
台所

僧侶の食事を賄う場所で、大きなかまどは現在も行事などで使われている。かつて一度に2000人のご飯を炊いたという「二石釜」も展示されている。

まだまだあります 山内のみどころ

高野山霊宝館
こうやさんれいほうかん

高野山に伝わる
貴重な文化財を公開

高野山の各寺院に伝わる国宝21件を含む5万点以上の貴重な文化財を保存、展観する施設。貴重な宗教美術品などが季節ごとの特別展や企画展で公開される。大正10年（1921）に有志の寄付と金剛峯寺によって開設された施設で、京都・宇治の平等院鳳凰堂を模したという本館の建物は平成10年（1998）に登録有形文化財に登録されている。☎0736-56-2029 🏠高野町高野山306 ¥入館1300円※ ⏰8時30分〜17時30分（11〜4月は〜17時）休臨時休館あり 🚌バス停霊宝館前からすぐ Ｐ30台 MAP P124B4

❶新館第一室は仏像を常設展示 ❷本館（紫雲殿）は霊宝館の中心 ❸天蓋風レリーフが優美な本館（放光閣）❹本館は回廊のある寺院風の建物

高野山デジタルミュージアム
こうやさんでじたるみゅーじあむ

最先端のVRコンテンツで
高野山のみどころをチェック

臨場感あふれるVRを活用し、歴史や文化、弘法大師の思いを学べる作品をライブ上映。館内にカフェやショップを併設。☎0736-26-8571 🏠高野町高野山360 ¥VRシアター1000円 ⏰10〜17時 休なし（VRシアターは最終月曜休演）、12〜2月不定休 🚌バス停金剛峯寺前から徒歩2分 Ｐなし MAP P124B4

▲猿田彦珈琲監修のコーヒーや地元の食を提供するカフェ「高野山 café雫」を併設。地域の方々と一緒になって、高野山の魅力を発信している

大門
だいもん

高野山一山の総門

高野山の西の入り口にそびえる高さ25mの巨大な楼門。現在の建物は宝永2年（1705）に再建されたもの。☎0736-56-2011（金剛峯寺）🏠高野町高野山大門241 ¥休拝観自由 🚌バス停大門からすぐ Ｐなし MAP P124A4

苅萱堂
かるかやどう

哀話『石童丸物語』の舞台

石童丸と苅萱道心が親子と名乗りあえぬまま師弟として修行したと伝わる寺。堂内の額絵で絵解きが行われる。☎0736-56-2202 🏠高野町高野山478 ¥拝観無料 ⏰8〜17時 休無休 🚌バス停苅萱堂前からすぐ Ｐ7台 MAP P125D4

女人堂
にょにんどう

女人禁制の歴史を伝えるお堂

明治5年（1872）まで高野山登り口に設けられていた女性用参籠所の一つ。☎0736-56-3508 🏠高野町高野山709 ¥拝観無料 ⏰8時30分〜16時30分 休無休 🚌バス停女人堂からすぐ Ｐ5台 MAP P124B2

徳川家霊台
とくがわけれいだい

徳川家の壮麗な霊廟建築

徳川家康と秀忠の御霊を祀る霊屋。寛永20年（1643）に家光が建立した。☎0736-56-3728 🏠高野町高野山682 ¥拝観無料 ⏰8時30分〜16時30分 休無休 🚌バス停浪切不動前からすぐ Ｐ5台 MAP P124B3 ※2023年9月現在、台風被害の影響で一時見学不可

お助け地蔵
おたすけじぞう

女人道にたたずむお地蔵様

願い事をひとつずつ聞いてくださるというお地蔵様。大門から約100m入った近い女人道沿いに祀られている。☎0736-56-2468（高野町観光協会）🏠高野町高野山 ¥拝観自由 🚌バス停大門から徒歩5分 Ｐなし MAP P124A4

高野山参詣道
女人道 世界遺産
にょにんみち

女人禁制の時代、女性たちが高野山外周を巡った祈りの道。女人堂や大門を経て高野三山を巡る。☎0736-56-2468（高野町観光協会）🏠高野町高野山 ¥⏰休見学自由 🚌女人堂はバス停女人堂からすぐ Ｐ女人堂5台 MAP P124A3

高野山 ●総本山金剛峯寺を参拝／まだまだあります山内のみどころ

体の中からキレイになりたい、ランチでいただく精進料理

高野山の精進料理は、武家や皇族をもてなした「振舞い料理」が進化したもの。
だからヘルシーなだけでなく、漆の御膳が並び、とても豪華です。

揚柳膳（ようりゅうぜん）6050円～
伝統行事の会食「振舞（ふれまい）」から発展した本膳形式の料理で、お膳にのせて供される。

Pick Up Menu

小鉢（こばち）
ごま豆腐をワサビあんかけに。白ごまを丁寧にすり、葛を加えて炊き上げる

活盛（いけもり）
会席料理の「刺身」にあたり、刺身こんにゃくや湯葉など彩りよく盛り込まれる

油物（あぶらもの）
旬野菜や山菜、高野豆腐などを彩りと歯ごたえを生かして香ばしく揚げる

前菜（ぜんさい）
女将が手作りする山桃などの果実酒の食前酒と生麩を煮た一品が付く

精進料理とは？
仏教の厳しい戒律に従って、「なまぐさもの」とよばれる肉や魚類を一切使わず、季節の野菜や豆・小麦製品など工夫して調理。五味五色五法（ごみごしきごほう）を守り、味わいや彩り、調理法のバランスを大切にしています。

花菱（はなびし）
高野山料理の名店

明治時代創業の高野山料理の名店。本膳形式の精進会席を1階のテーブル席や2階の小上がりで味わえる。二の膳の揚柳膳は予約不要だが、三の膳が付く摩仁膳（まにぜん）7150円以上の精進会席は予約が必要。

1 千手院橋にほど近く観光にも便利な場所にある 2 店内にはエレベーターが設置され2階は小上がりや座敷席もありくつろげる

☎0736-56-2236 住高野町高野山769 営11～18時（※18時以降は予約制）休月2回平日不定休 交バス停千手院橋から徒歩すぐ P8台 MAP P124C4

精進料理の
名品を
おみやげに

ごま豆腐は精進料理に欠かせない一品。高野山内で製造を続ける濱田屋では1箱4個入り1600円〜で販売（9〜17時売り切れ次第閉店）。ただし、要冷蔵のため、持ち帰りは保冷ケースが必要。
☎0736-56-2343 MAP P124C4

だみょうおういん
大明王院

宿坊で精進料理を味わう

大聖不動明王（秘仏）を御本尊に祀る宿坊寺院。事前に予約をすれば昼食の精進料理を味わえる。二の膳4400円〜。宿泊は1泊2食付き1万1000円〜。

☎0736-56-2521 🏠高野町高野山482 🕐昼食は12〜15時（要予約）🈺無休（完全予約制）🚌バス停苅萱堂前から徒歩2分 🅿10台 MAP P125D4

三の膳 5500円
季節の旬の野菜を使った天ぷらや炊合せなど盛り込んだ料理を本膳形式で味わうことができる

▲襖絵が見事な客室で庭園を眺めながら料理を味わえる

◀1階はカウンター席で気軽に立ち寄れる

精進御膳参詣 1980円
ごま豆腐や炊合せ、生麩、野菜の揚げ物など、精進おかずを手軽に味わえるメニュー

ことぶきしょくどう
ことぶき食堂

食堂で気軽に精進料理を

昭和36年（1961）創業の食堂がリニューアル。1階はカウンター、2階はテーブル席で、ひとりでも気軽に立ち寄りやすい店。精進御膳のほか幅広うどんの肉味噌和えなど無国籍風メニューも揃う。

☎0736-56-2647 🏠高野町高野山732 🕐11〜15時、夜の営業18〜21時は不定 🈺火・水曜 🚌バス停苅萱堂前からすぐ 🅿なし MAP P125D4

ちゅうおうしょくどう さんぼう
中央食堂 さんぼう

手軽に味わいたいならココで

寺院の仕出しも手掛ける創業約100年の料理店で、精進料理が気軽に定食で味わえる。定食だが料理はどれも本格的。地元の食材をメインに、器も高野山に窯をもつ陶芸家の作品を使っている。

☎0736-56-2345 🏠高野町高野山722 🕐11時〜売切れ次第終了 🈺不定休 🚌バス停千手院橋からすぐ 🅿なし MAP P124C4

▶椅子席なので座りやすい

精進花篭弁当 2500円
刺身コンニャクのお造りや胡麻豆腐、野菜の天ぷらなど、大豆ご飯か白米のご飯が選べる

高野山 ●ランチでいただく精進料理

📖「笹すし小倉屋」☎0736-56-3815 MAP P124A4で販売されているシイタケのお寿司は、肉厚のシイタケがまるでお肉のようです。

高野山でプチ修行体験
写経や瞑想で心静かな時を

僧侶たちが仏教の戒律を守って、日々厳しい修行を行う高野山。
私たちも写経や瞑想で、その精神世界に触れることができます。

「あー」と唱えながら
ゆっくりと息を吐い
ていきましょう

高野山の瞑想法で心静かに

◈ 阿字観 （あじかん）

真言宗に伝わる瞑想法「阿字観」を体験。月輪の中に描かれた大日如来を表す梵字「阿」の前に座り、呼吸を整えて心静かに過ごす。金剛峯寺では阿字観道場で、僧侶の指導を受けながら体験ができる。

ココで体験できます

金剛峯寺 （こんごうぶじ） (☞P80)

- 参加費：1000円
  （金剛峯寺内拝観料1000円※が別途必要）
- 日時：2023年は4月21日～11月20日の金～月曜開催。9時～、11時～、13時30分～、15時30分～。
- 所要時間：1時間

◈ 授戒 （じゅかい）

「不殺生」「不悪口」など仏教修行の十の戒めについて教えを授かる儀式。わずかな明かりが灯る空間で、真言を唱え、阿闍梨様からの法話を聞くという、貴重な体験ができる。

▲十カ条の戒めが書かれた「菩薩十善戒」を授与

ココで体験できます

高野山大師教会 （こうやさんだいしきょうかい）

- ☎0736-56-2015 　住高野町高野山347 　交バス停金剛峯寺前からすぐ 　P81台（金剛峯寺駐車場利用） MAP P124B4
- 参加費：お供え1000円※
- 日時：9～16時の毎正時（12時は休み）、各回10分前まで受付
- 所要時間：30分

仏教修行の戒めを授かる

塗香でお清めをして、授戒堂に入ります

◈ 写経 （しゃきょう）

用意された写経用紙に印刷された般若心経のお手本の文字を、筆でなぞって書いてゆくだけなので、気軽に体験ができる。すべて書き終わったら、願い事を書き添えて奥之院に奉納することもできる。

▲高野山大師教会の2階に写経室がある

一筆一筆心を込めて書くと落ち着いた気持ちに

心を込めて筆を運ぼう

ココで体験できます

高野山大師教会 （こうやさんだいしきょうかい）

- 参加費：奉納料1500円※
- 日時：8時30分～15時受付（行事により不可の場合あり）
- 所要時間：30分

高野山の宿坊に泊まりたい！

高野山には52か寺の宿坊寺院があり、事前に予約をすれば一般の宿泊者も受け入れてくれます。お寺らしい風情が味わえ、朝夕の食事は精進料理。朝の勤行にも参列できます。
☎0736-56-2616(高野山宿坊協会)

こちらでも体験できます

❶毘沙門堂にて毎朝行われる護摩焚供養
❷阿字観を僧侶がていねいに指導してくれる
❸本堂で行われる朝の勤行は荘厳な響き

- 瞑想
無料、阿字観道場で16時30分〜
- 写経
無料、奥之院奉納の場合1000円
- 朝の勤行
自由参加、約30分
- 護摩焚供養
自由参加、約30分

えこういん
恵光院

護摩焚供養が迫力！

阿字観道場での瞑想や写経などで修行体験ができる宿坊寺院。本堂での朝の勤行の後に、毘沙門堂で護摩焚供養が行われるので、ぜひ早起きをして参加を。護摩木に願い事を書いて供え、目の前で燃え上がる炎に祈願をすることができる。☎0736-56-2514 ㊟高野町高野山497 ¥1泊2食付1万5000円〜 🚌バス停苅萱堂前からすぐ Ⓟ30台 MAP P125D4

れんげじょういん
蓮華定院

真田ゆかりの寺で修行を

真田昌幸、幸村親子が蟄居を命ぜられた真田家ゆかりの宿坊寺院。夕方の瞑想は本堂で御住職と一緒に行う本格的なもの。江戸時代に築庭された庭園を眺めながらの写経も心が落ち着く。☎0736-56-2231 ㊟高野町高野山700 ¥1泊2食付1万2500円〜 🚌バス停一心口からすぐ Ⓟ10台 MAP P124B3

▲美しい庭を眺めながら写経を

- 夕方の瞑想
無料、本堂で17時〜
- 写経
(奉納)写経1100円
- 朝の勤行
6時〜

❶本堂での朝の勤行
❷美しく手入れされた庭園
❸本堂で行われる夕方の瞑想

ねんじゅづくり
◈ 念珠作り

高野槙や高野杉などで作った木製の珠を選んで丁寧に磨いて紐に通して、オリジナルの念珠を作る体験ができる。組紐を編んだり、名前を入れたり、人と協力しあって作るというのもポイント。

▲最後に焼きペンで名前を入れる

自分だけの念珠のできあがり！

ココで体験できます

こうぼくあじかん
光木阿字館

☎0736-56-2680 ㊟高野町高野山53 🚌バス停玉川通りからすぐ Ⓟなし MAP P125E3

- 参加費：1人4500円
- 日時：9〜18時(要事前予約)
- 所要時間：1時間30分〜2時間

高野山の参道で見つけた
魅力いっぱいのおみやげです

数珠、線香などのかわいい仏具から、おいしい銘菓まで。
高野山ならではの人気のアイテムをピックアップしました。

小鈴最中
こすずもなか
10個入り 1400円
鈴をかたどった愛らしくて香ばしい最中。ひとつずつ手作りするので、前日16時までに予約が必要 Ⓒ

笹巻あんぷ
1個 160円
モチモチの生麩の中になめらかな餡が入ったおまんじゅう。精進デザートとしてもおなじみ Ⓑ

みろく石
1個 120円
奥之院の参道沿いにある霊石をモチーフにしたお饅頭。中にはしっとりしたつぶ餡がぎっしり Ⓒ

酒饅頭
1個 140円
壺の中で48時間自然発酵させた米麹から作る、昔ながらの酒まんじゅう。数に限りがあるので予約がベター Ⓗ

白ごま豆腐
2本入り 1050円〜
精進料理としても有名な胡麻豆腐。濃厚なゴマの風味に付属の醤油がベストマッチ Ⓔ

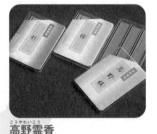

高野霊香
こうやれいこう
高野槙・檜・杉 各550円
高野六木にも数えられるコウヤマキ、スギ、ヒノキの香りのお線香。ミニサイズなので携帯にも便利 Ⓐ

Ⓐ 香老舗 高野山大師堂
こうろうほ こうやさんだいしどう

お香専門店でおみやげ探し
線香と香木の専門店。高級な香りがする線香、きよめ袋などを扱い、シンプルなものから女性がおみやげにしたいかわいらしいものまで揃う。
☎0736-56-3912 ⓗ高野町高野山732 ◷9〜17時 ⓗ不定休 Ⓧバス停刈萱堂前からすぐ Ⓟなし MAP P125D4

Ⓑ 麩善
ふぜん

生麩の老舗でおまんじゅうを
創業200年以上の歴史がある生麩の専門店。保存料や添加物を一切使わない生麩はもっちりとしていると評判で、毎日できたての味が楽しめる。
☎0736-56-2537 ⓗ高野町高野山712 ◷9〜17時（売り切れ次第終了） ⓗ月曜（祝日の場合は翌日）Ⓧバス停高野警察前から徒歩3分 Ⓟなし MAP P124B3

Ⓒ みろく石本舗 かさ國
みろくいしほんぽ かさくに

高野山銘菓が人気の店
数々の高野山の風物を表した銘菓を作り続ける和菓子の老舗。宿坊でのお茶菓子にも使われ、おみやげに人気のほか、イートインも可能で、店内の椅子に腰掛け、お茶とともに味わえる。
☎0736-56-2327 ⓗ高野町高野山764 ◷8〜18時 ⓗ不定休 Ⓧバス停小田原通りからすぐ Ⓟ5台 MAP P124C4

Ⓓ 珠数屋四郎兵衛
じゅずやしろべえ

女子好みのデザインで愛される
創業は正徳時代という歴史ある仏具店。ブレスレット型の腕輪念珠が豊富で、ローズクォーツや真珠などを使用し、値段も2000円前後〜。
☎0736-56-2121 ⓗ高野町高野山771 ◷9時〜17時30分（1・2月は9〜18時）ⓗ無休 Ⓧバス停千手院橋からすぐ Ⓟなし MAP P124C4

イメージキャラクターの こうやくんのグッズも 注目です

平成27年（2015）の高野山開創1200年記念大法会のイメージキャラクターとして誕生、高野山のイベントなどで現在も活躍中の「こうやくん」。シリコンストラップ630円などのグッズも揃い、金剛峯寺内の売店などで販売。

高野槇アロマオイル
5mℓ 1980円
お供えの仏花として重宝されてきた高野槇の香りのオイル。さわやかな香りでリフレッシュ **F**

高野山 とうふクッキー
10本入り 650円
豆腐、豆乳入りのヘルシーなクッキー。ほんのりとしたやさしい甘さが女性のみならず男性にも人気 **G**

みずきの味みそ
各550円
自家醸造の熟成味噌と厳選素材をコラボレーション。ほどよい酸味の梅みそが人気 **E**

腕輪念珠
うでわねんじゅ
1650円〜
ブレスレットとしても使えそうな数珠。ローズクウォーツなど好きな貴石類を選ぼう **D**

お地蔵さまのお香立て
1個 880円
お香を焚くときにそっと手助けしてくれる小さなお地蔵さま。手作りなので表情が異なり笑顔に癒やされる **A**

線香
1箱 550円〜
天然の漢薬香料を使った線香は、ほのかな香りがシンプルで飽きがこないと評判 **A**

こうやさんみそほんぽ みずき
E 高野山味噌本舗 みずき
オリジナルの味みそはココだけ
高野山で唯一、味噌の製造・販売を行う店。金山寺味噌をはじめ、特産品や銘菓なども扱う。併設の食事処で自慢の味噌を生かした料理も出す。
☎0736-56-2621 **住**高野町高野山794 **時**9〜17時（12月下旬〜2月下旬は休み）**休**水曜 **交**バス停金堂前からすぐ **P**50台
MAPP124B4

なかもとめいぎょくどう
F 中本名玉堂
オリジナル商品が人気の仏具店
小田原北条氏の菩提寺・高室院の近くに位置する仏具店。昔は古物を扱っていたが、今ではアロマオイルなどのオリジナル商品も扱う。レストランも併設している。
☎0736-56-2024 **住**高野町高野山765 **時**8時30分〜17時 **休**無休 **交**バス停小田原通りからすぐ **P**5台 **MAP**P124C4

にしり
G 西利
金剛峯寺近くにあるお店
高野山門前で明治初期から続くみやげ店。高野豆腐・ごま豆腐などの伝統的な商品からクッキーなどの商品まで揃う。
☎0736-56-2145（代）**住**高野町高野山784 **時**9〜17時 **休**木曜（祝日の場合は営業）、12〜2月 **交**バス停金剛峯寺前からすぐ **P**金剛峯寺前駐車場利用80台 **MAP**P124B4

おかしつかさ さざなみ
H 御菓子司 さゞ波
味わい深い手作りの酒まんじゅう
大正元年（1912）の創業当時の製法を今も守り続け、手作りでていねいに作る酒まんじゅうが人気。そのほか高野山に縁のある名鐘もなか「高野四郎」150円などの和菓子も販売される。
☎0736-56-2301 **住**高野町高野山796 **時**8時30分〜18時 **休**月曜 **交**バス停金堂前からすぐ **P**なし **MAP**P124B4

📖 「みろく石本舗 かさ國」では、買ったお菓子を店奥の椅子席でセルフのお茶を飲みながら味わうことができます。

高野山に泊まるなら
宿坊寺院がおすすめです

高野山に泊まる人々を迎えてくれるのが宿坊寺院。精進料理を味わったり
朝の勤行に参列したり、高野山ならではのひとときを過ごすことができます。

金剛三昧院
こんごうざんまいいん

北条政子が、夫である源頼朝と、息子の実朝の菩提を弔うために建立したと伝えられる。歴史的な文化財が数多く残されており、世界遺産にも登録されている。境内のシャクナゲは天然記念物に指定されていて、4月末～5月上旬が見頃に。宿泊者や先祖供養以外の境内拝観300円（特別拝観期間は500円、要問合せ）。

☎0736-56-3838　🏠高野町高野山425　💴1泊2食付1万3000円～　🚌バス停小田原通りから徒歩6分　🅿30台　🏠全70室　MAPP124C4

世界遺産に登録された
北条政子と源頼朝ゆかりの宿坊

宿坊で体験
❖瞑想❖
阿字観3000円
※要問合せ
❖写経❖
1500円
❖朝の勤行❖
6時30分～

1 本堂には御本尊の愛染明王像が祀られている 2 トイレ付きの客室も30室あり快適に過ごせる 3 阿字観を体験することもできる（要問合せ、行事により不可の場合あり）

重森三玲作庭の庭園が見事と貴賓室もあり設備整う宿坊寺院

1 2022年に完成した貴賓室はバストイレ付きで、重森三玲作庭の石を巧みに配した枯山水庭園を窓からゆったりと望むことができる 2 本堂での朝の勤行は読経の声が荘厳な響き

宿坊で体験
❖写経・写仏❖
各1000円
❖塗香作り❖
4200円
❖朝の勤行❖
7時～

西禅院
さいぜんいん

浄土真宗を開いた親鸞が庵を結んで修行したと伝えられる地に立つ宿坊寺院。昭和の名作庭家、重森三玲による3つの庭園は国の登録記念物にも指定。この庭を愛したパナソニック創業者の松下幸之助氏が長期滞在した茶室「仰塔庵」も残されている。庭を望む貴賓室もゆったりとして人気の部屋だ。

☎0736-56-2411　🏠高野町高野山154　💴1泊2食付1万2000円～（貴賓室は2万2000円～）　🚌バス停金剛峯寺前から徒歩5分　🅿10台　🏠全15室　MAPP124B3

不動院
ふどういん

モダンな庭園を望む書院や桃山時代建造の庫裡で食事ができ、静かな風情を味わうことができる宿坊寺院。毛筆を使った本格的な写経体験ができ、使用した筆は記念に持ち帰ることができる。離れの宿泊客専用の浴室があり、貸切料金1時間1室5500円で利用ができる。

☎0736-56-2414 🏠高野町高野山456 ¥1泊2食付き1万4000円～ 🚌バス停蓮花谷から徒歩すぐ 🅿30台 🏠全10室 MAP P124C4

モダンな庭園を眺めながら静かさを楽しめる宿坊

1 本堂での朝の勤行の後には、阿字観の瞑想が行われることも 2 重森三玲作の庭園を現代的に改修している

宿坊で体験
❖ 阿字観 ❖
無料
（行事により不可の場合あり）
❖ 写経 ❖
毛筆付き2000円
❖ 朝の勤行 ❖
7時～

サルスベリの名木が迎える宿坊で摩尼車体験を

1 夏に見事に花を咲かせるサルスベリは高野山の大火を生き延びてきた 2 朝の勤行の後に、摩尼車を体験してみよう

宿坊で体験
❖ 摩尼車 ❖
無料
❖ 写経 ❖
奉納1000円
※要予約
❖ 朝の勤行 ❖
6時30分～
（12～2月は7時～）

普賢院
ふげんいん

国の重要文化財にも指定された四脚門の装飾が壮麗な宿坊寺院。境内には樹齢250年のサルスベリ（百日紅）が枝を広げ、光明心殿にはネパールから請来された仏舎利が納められている。摩尼殿には回すとお経を唱えるのと同じ功徳があるという摩尼車があり体験ができる。

☎0736-56-2131 🏠高野町高野山605 ¥1泊2食付き1万3200円～ 🚌バス停千手院橋からすぐ 🅿10台 🏠全36室 MAP P124C3

持明院
じみょういん

平安末期に、持明房真誉大徳が開いたと伝わる古刹。甲斐武田家や京極家など戦国武将とのゆかりが深く、浅井長政とその妻であるお市の方の肖像画が伝えられている。広い敷地内には大小4つの庭園があり、客室からも庭を望むことができる。静寂さを味わえる宿坊寺院だ。

☎0736-56-2222 🏠高野町高野山455 ¥1泊2食付き1万1000円～ 🚌バス停蓮花谷から徒歩すぐ 🅿30台 🏠全32室 MAP P124C4

大小の庭園で四季の風情を楽しめる宿坊

1 季節の彩りが美しい庭園は歩いて散策をすることも 2 お市の方を描いた『浅井長政夫人像』の複製画を展示

宿坊で体験
❖ 護摩祈祷 ❖
毎月13・28日
❖ 写経 ❖
奉納1000円
❖ 朝の勤行 ❖
6時30分～
（11～3月は7時～）

宿坊は必ず事前に予約を。体験は宿泊者のみ対象で事前に予約が必要なことも。法要などの行事により行われないこともあります。

高野山の玄関口
九度山・橋本を巡りましょう

高野山の入口にあたり、ゆかりの寺が点在する、九度山・橋本。
なかでも世界遺産に登録されている慈尊院へはぜひ立ち寄りましょう。

九度山・橋本（くどやま・はしもと）ってこんなところ

古くから栄えた高野山ゆかりの町。戦国武将、真田幸村が関ヶ原の合戦後に隠棲していたとされる九度山には、高野山ゆかりの古社寺が点在する。また橋本は京から高野山に至る高野街道の宿場町として栄えた。

アクセス

🚃 電車：JR和歌山駅から和歌山線で橋本駅まで1時間3分
南海難波駅から高野線で橋本駅まで56分、九度山駅まで1時間8分

🚗 車：南阪奈道路羽曳野ICから国道170号、国道371号経由で橋本市街まで約30km、さらに国道371号、370号経由で九度山町まで約6km

問合せ
はしもと広域観光案内所
☎0736-33-3552
九度山町産業振興課
☎0736-54-2019
広域MAP P117D2

▶全国でも珍しい乳がん専用の平癒守り 500円

多宝塔は県の指定文化財です

▲御本尊は弥勒菩薩だが、多宝塔には大日如来が祀られている

🌲 慈尊院（じそんいん） 世界遺産
高野山への表参道の玄関口

弘法大師が建立し、大師の母が過ごした寺。古くから"女人高野"として信仰を集め、本堂の弥勒堂が世界遺産に登録。子宝安産、乳がん平癒の寺として乳房型の絵馬もあり、参拝する人が後を絶たない。

☎0736-54-2214
🏠九度山町慈尊院832 🍴🕐🚻境内自由 🚉南海九度山駅から車で6分 🅿6台
MAP P91A1

石標が立つ参道

高野山町石道（こうやさんちょういしみち）

慈尊院から高野山へ通じる表参道は、弘法大師が高野山を開山して以来信仰の道とされる。道しるべとして1町（約109m）ごとに町石とよばれる五輪卒塔婆型の石柱が建てられている。
MAP P91A1

📷 真田庵（善名称院）（さなだあん・ぜんみょうしょういん）
幸村ゆかりの地に立つ寺

真田幸村が父と暮らした屋敷跡。幸村はここから大坂の陣に出陣したといわれている。現在は屋敷跡に寺が建てられ、境内にある宝物館には幸村の武具などが展示されている。

☎0736-54-2019（九度山町産業振興課）🏠九度山町九度山1413 ￥拝観無料（宝物資料館入館200円）🕐9〜16時 休無休 🚉南海九度山駅から徒歩10分 🅿町営駐車場利用20台
MAP P91A1

▲延命子安地蔵菩薩が本尊として祀られている

▶室町時代の壮麗な意匠の楼門と本殿は重要文化財に指定

ひと足延ばして
まるで島のよう
不思議で美しい棚田
あらぎ島

有田川の蛇行によって生まれた河岸段丘の上に広がる棚田。棚田側には入れないが、対岸の展望台から一望することができる。

🚗阪和自動車道・有田ICから車で45分 Ｐ20台 MAP P116C3

丹生都比売神社 にうつひめじんじゃ 世界遺産

紀伊国一之宮、高野山の守護神

1700年以上前の創建と伝えられ、全国の丹生都比売大神を祀る総本社。弘法大師はこの神社の社地の一部を借り受けて高野山を開山。以来真言密教の守護神として知られる。

☎0736-26-0102 🏠かつらぎ町上天野230 💰📅境内自由 🚌JR笠田駅からコミュニティバス丹生都比売神社行きで約30分、終点下車すぐ Ｐ50台 MAP P116C2

＼ランチはここで／

そば処 幸村庵 そばどころ ゆきむらあん

古民家を改装した店

長野県上田市真田町のそば粉を使用したそばが食べられる。天ぷらや寿司が付いた幸村御膳2400円がおすすめ。

☎0736-54-3751 🏠九度山町九度山1404 🕐11～18時（17時30分LO）📅月曜（祝日の場合は翌日）🚌南海九度山駅から徒歩10分 Ｐ5台 MAP P91A1

▲天ぷらそば1400円。温かいそばも選べる

九度山・真田ミュージアム くどやま・さなだみゅーじあむ

真田家の館をイメージしたミュージアム

戦国時代最後の武将として名を馳せた真田幸村（信繁）、父・昌幸、息子・大助の真田三代の波乱に満ちた生涯を映像や展示で紹介する。

☎0736-54-2727 🏠九度山町九度山1452-4 💰入館500円 🕐9～17時 📅月・火曜（祝日の場合は翌日）🚌南海九度山駅から徒歩11分 Ｐなし MAP P91A1

利生護国寺 りしょうごこくじ

地元では「大寺」とよばれる寺院

奈良時代に聖武天皇が行基に命じて建てさせたという、美しい寺院。秀吉が高野山詣での際に馬を繋いだという太閤駒繋ぎの松も必見。山門は国登録有形文化財に登録され、春は桜、夏はハスが境内に咲き誇る。

▲本堂は国の重要文化財に指定されている

☎0736-32-2123 🏠橋本市隅田町下兵庫732 💰本堂拝観300円 🕐境内自由、本堂拝観9～17時 📅無休 🚌JR下兵庫駅から徒歩10分 Ｐ10台 MAP P91B1

▲甲冑姿の人形、真田幸村、昌幸、大助がお出迎え

▲図表や映像を駆使して真田三代の生涯を紹介

九度山・橋本
0　　1km

日本三美人の湯・龍神温泉
秘境の温泉地に行ってみたい

渓谷に囲まれた神秘的な自然の美を眺めながら、極上の温泉と
手作りにこだわった龍神村ならではのやさしいグルメも堪能しましょう。

✛龍神温泉って
こんなところ

_{りゅう じん おん せん}

日高川沿いに位置する温泉郷。その
昔、弘法大師が難陀龍王の夢のお告
げによって開いたともいわれ、紀州徳
川家の湯治場としても知られる。四季
折々の豊かな自然に囲まれ、渓谷や
滝を眺めながら散策が楽しめる。

アクセス

🚌 バス：JR紀伊田辺駅から龍神バス季楽
里龍神行きで龍神温泉まで1時間45
分、季楽里龍神まで1時間55分

🚗 車：阪和道有田ICから国道424号、425
号、371号（高野龍神スカイライン）経由で
龍神温泉まで約70km

問合せ

龍神観光協会
☎0739-78-2222
田辺市観光振興課
☎0739-26-9929
広域MAPP117D4

▲大きく蛇行する日高川の渓流沿いに、宿が点在する龍神温泉

♨ 龍神温泉元湯
_{りゅうじんおんせんもとゆ}

かけ流しの美人湯を満喫

日本三美人の湯の一つとして知られる龍
神温泉をかけ流しで楽しめる共同浴場。日
高川のほとりに立ち、渓谷の風景を望む露
天風呂では自然との調和を味わえる。内風
呂には檜風呂と岩風呂がある。

☎0739-79-0726 ⊞田辺市龍神村龍神37 ¥
入浴料800円 ⏰7時〜20時40分最終受付 休無
休（冬季のみ時間短縮・不定休あり）🚌バス停龍神
温泉から徒歩2分 ℗80台 **MAP**P92A2

▲渓谷に面した開放感あふれる露天風呂

📷 曼荼羅美術館
_{まんだらびじゅつかん}

エキゾチックなアートを鑑賞

密教の深い智恵や広大な宇宙を
凝縮したといわれる、多数の仏
たちが描かれたチベット曼荼羅
を数多く紹介。館内にズラリと並
ぶ、色とりどりの曼荼羅は圧巻。

◀天井から壁
のすみずみに
いたるまで曼
荼羅がぎっしり

☎0739-79-0331 ⊞田辺市龍神村龍神
203 ¥100円 ⏰9時30分〜16時30分
（入館は〜16時）休無休（12〜3月は火曜）
🚌バス停季楽里龍神からすぐ ℗10台
MAPP92A1

田辺市龍神ごまさん
スカイタワー・高野山へ
A
季楽里龍神 P.93
曼荼羅美術館
P.92
皆瀬神社
季楽里龍神
木族館
371
龍神
皆瀬
龍神温泉観光宿泊案内所
1
皆瀬トンネル
香房 ゆず夢cafe
P.93
日高川
田辺市
龍神温泉
龍神温泉
曼荼羅の滝
P.93
P.93 上御殿
龍神寺
下御殿 P.93
温泉寺
十津川村へ
龍神温泉元湯 P.92
るあん Tofu & Botanical
Kitchen Loin
P.93
龍三郎
2
小又川
田辺・南部へ
小又川
トンネル
371
425
瀬戸橋

龍神温泉
0   500m
徒歩7分

**温泉水を使ったコスメで
湯上がりもキレイに**

龍神温泉水を配合したコスメが人気。化粧水やクリーム、石鹸などで、しっとり湯上がり美人を目指そう。龍神カード型石鹸（写真）は1個13g120円。龍神温泉元湯のほか、周辺の旅館などで販売している。

まんだらのたき
曼陀羅の滝

**修行の場にもなった
繊細な滝**

空海が修行の場として使い、難蛇龍王のお告げで命名したと伝わる滝。小説『大菩薩峠』には、主人公の机竜之介が失明寸前の目を洗眼治療した滝として登場。

☎0739-78-2222（龍神観光協会）
🏠田辺市龍神村龍神 ⏰見学自由 🚌バス停龍神温泉から徒歩25分 🅿なし MAP P92A2

▲滝まで階段の多い遊歩道を歩くので、歩きやすい靴で

こうぼう ゆずゆめかふぇ
香房 ゆず夢cafe

▶窯焼きピザ860円〜などもある

大人気のゆずのシャーベット

店内で作っている龍神ゆずのシャーベットは、龍神に自生する柚子をひとつひとつ手で絞って作るこだわりの品。ちょっとすっぱいシャーベットは人気で、龍神温泉内の売店でも買え、地方発送も受付けている。

☎0739-79-8025 🏠田辺市龍神村龍神165-1 ⏰9〜17時 休金曜 🚌バス停木族館からすぐ 🅿10台 MAP P92A1

▲龍神村名産の柚子のシャーベット320円

るあん とうふ あんど ぼたにかる きっちん
るあん Tofu&Botanical Kitchen Loin

▼薪窯で大豆をじっくりと炊き上げて作る地釜とうふは430円で販売

昔ながらの地釜とうふ

龍神村に伝わる、昔ながらの薪窯を使った製法で作る豆腐の工房。土〜月曜には完全予約制で1日3組限定のランチ5500円を併設のカフェで味わうこともできる。

☎0739-79-0637 🏠田辺市龍神村小又川259 ⏰10時〜売り切れ次第閉店（ランチは土・日曜の11時・13時スタート、事前予約が必要） 休火〜木曜 🚌バス停龍神温泉から徒歩20分 🅿5台 MAP P92A2

🛏 宿泊するならココ！

かみごてん
上御殿

徳川家に愛された老舗旅館

江戸時代から続く伝統の宿。紀州徳川公が泊ったという部屋もそのまま残っている。土地の旬の食材を使った料理にも奥ゆかしさが感じられる。

☎0739-79-0005 🏠田辺市龍神村龍神42 ¥1泊2食付1万5550円〜 ⏰IN14時30分／OUT10時 休不定休 🚌バス停龍神温泉からすぐ 🅿11台 MAP P92A2

しもごてん
下御殿

川に面した伝統の老舗宿

上御殿に泊まる紀州徳川家の殿様に従う藩士たちが宿泊する家来の宿として、寛永16年（1639）に創業。自然に恵まれた和空間で、四季折々の会席料理とくつろぎと癒やしのひとときを。

☎0739-79-0007 🏠田辺市龍神村龍神38 ¥1泊2食付1万8700円〜 ⏰IN15時／OUT10時 休不定休 🚌バス停龍神温泉からすぐ 🅿24台 MAP P92A2

きらりりゅうじん
季楽里龍神

美人の湯が楽しめる最上流にそびえ立つ宿

豊かな自然に囲まれた石造りの露天風呂で、日高川の渓谷を眺めながらゆったりと湯を楽しめる。大浴場や館内では、地元産の木材の香りが癒やしを与えてくれる。

☎0739-79-0331 🏠田辺市龍神村龍神189 ¥入浴料800円、1泊2食付1万4450円〜 ⏰日帰り温泉11〜20時 休無休（冬期休館有り） 🚌バス停季楽里龍神前からすぐ 🅿58台 MAP P92A1

ココにも行きたい

高野山&周辺のおすすめスポット

🏯 田辺市龍神ごまさんスカイタワー
たなべしりゅうじんごまさんすかいたわー

ドライブで寄りたい絶景スポット

高野龍神スカイライン（国道371号）沿いにある、護摩木を積み上げた形のタワー。護摩壇山（標高1372m）山頂周辺のパノラマの絶景が楽しめる。**DATA**☎0739-79-0622 住田辺市龍神村龍神1020-6 ¥展望台入場300円 ◷9時30分～17時（土・日曜、祝日9時～）休無休（12～3月は休み）交バス停龍神温泉から車で30分 P50台 MAP P117D4

🍴 歩ん歩こ
ぽんぽこ

壇上伽藍近くの食事処

壇上伽藍中門にほど近く、地元の人も通う店。うどんやそばのメニューが揃い、炊き込みご飯とのセットにはごま豆腐と小鉢2つが付くのがうれしい。**DATA**☎0736-56-4867 住高野町高野山756 ◷11時30分～14時、17時30分～21時 交バス停金堂前からすぐ 休不定休 MAP P124B4

🍴 天風てらす
てんぷうてらす

和歌山の食や体験ができる

2023年4月オープンのカフェ複合施設。地元食材を使用したクラフトバーガーが人気。名産品を集めたショップやワークショップも開催。**DATA**☎0736-25-6012 住高野町高野山53-3 ◷11～17時（ランチ14時LO、カフェ16時LO）休火曜 交バス停玉川通りからすぐ P10台 MAP 125E3

☕ 梵恩舎
ぼんおんしゃ

店主夫婦のセンスが光るカフェ

古民家をリノベーションした、木のぬくもりあふれるカフェ。メニューは動物系の食材を控えた、ヘルシーなベジタブル料理が中心。スイーツには季節の野菜や果物を取り入れるなどのこだわりが。**DATA**☎0736-56-5535 住高野町高野山730 ◷9～18時※月・火曜、ほか不定休※冬期変動あり（要確認）交バス停小田原通りからすぐ Pなし MAP P124C4

☕ ひぐらし
ひぐらし

昭和41年創業の老舗喫茶

玉子焼と野菜、ハム、チーズ、手作りトマトソースを挟んで香ばしく焼いたホットサンド1000円（ドリンク付き）はボリューム満点で大人気。コーヒーはネルドリップで淹れる本格派。紅茶とも各400円。**DATA**☎0736-56-2216 住高野町高野山725 ◷11時～17時30分 休不定休 交バス停小田原通りからすぐ Pなし MAP P124C4

☕ 光海珈琲 高野山本店
こうみこーひー こうやさんほんてん

こだわりの焙煎珈琲で心癒される

奥之院の参道入口や一の橋にほど近く、高野山の町歩きやお参りの休憩に立ち寄りたいカフェ。焙煎にこだわったコーヒー豆を使い、高野山の湧き水でドリップした一杯は、まろやかで濃厚な味わい。**DATA**☎0736-56-5030 住高野町高野山571 ◷9～16時（変動あり）休不定休（土・日曜、祝日、21日を中心に営業）交バス停苅萱堂前からすぐ Pなし MAP P125D4

🛍 御煎餅司紀の川製菓
おせんべいつかさきのかわせいか

素朴な風味の手焼き煎餅を

昔ながらの手焼きにこだわる老舗。卵の香りがふんわり広がる「あそもよし」と生姜蜜を合わせた野菜せんべい「大我野」の2種が看板商品。**DATA**☎0736-32-0361 住橋本市古佐田2-3-25 ◷9～16時 休日曜 交南海橋本駅から徒歩3分 P3台 MAP P91B1

🛍 森下商店
もりしたしょうてん

人気のごま豆腐はおみやげにぴったり

昭和29年（1954）創業のごま豆腐専門店。香り高い天然白ごまと厳選した吉野葛を使用し、濃厚でなめらかな舌ざわり。定番の生ごまとうふのほか、2週間日持ちする真空パック6個入り1350円も人気。**DATA**☎0736-56-4658 住高野町高野山725 ◷9～16時 休月曜（祝日の場合は翌日）交バス停千手院橋からすぐ Pなし MAP P124C4

🛍 道の駅 柿の郷くどやま
みちのえき かきのさとくどやま

高野山の玄関口にある道の駅

世界遺産観光情報センターやカフェ（旅するカフェ パーシモン ☎0736-54-9967）、真田グッズが手に入る農産物直売所（産直市場よってって ☎0736-54-4741）もあり九度山観光に便利。**DATA**☎0736-54-9966 住九度山町入郷5-5 ◷9時～17時30分（施設により変動あり）休1月1～3日 交南海九度山駅から徒歩15分 P119台 MAP P91A1

空海の生涯と
立体曼荼羅をお勉強

空海が高野山開創にあたり、真言密教の道場として最初に建立した根本大塔。
その内部には、空海の真言密教の世界観が込められていました。

空海の生涯と真言密教

空海は、讃岐国屏風浦（現在の香川県善通寺市）の生まれで幼名は眞魚。土で仏像を作って拝む幼少期、勉学に励む少年時代を過ごしました。大学に入学したものの、24歳で出家を宣言。31歳の延暦23年（804）、大日経を学ぶために唐（中国）に渡り、長安の都で恵果阿闍梨の灌頂を受けて、正統的な真言密教を継承しました。帰国の後、弘仁7年（816）に真言密教の根本道場を建立することを朝廷に願い出て、高野山を開創。全国に教法を広め、自ら定めた承和2年（835）3月21日寅の刻に62歳で御入定されました。86年後の延喜21年（921）、醍醐天皇から「弘法大師」の諡号を賜りました。

両界曼荼羅とは

金剛峯寺新別殿に奉納されている金剛界曼荼羅（左）と胎蔵界曼荼羅（右）

「マンダラ」はサンスクリット語で「本質・真髄を得た者」の意味。曼荼羅は難解な真言密教の教えを可視化したもので、高野山に伝わる両界曼荼羅図は二枚一組。胎蔵界曼荼羅は『大日経』という経典を、金剛界曼荼羅は真言密教の経典『金剛頂経』をもとにしています。どちらも大日如来を中心に一定の秩序で仏を配置。「胎蔵」とは子どもが母親の胎内で育つように大日如来によって悟りの本質が生まれる事を意味し、「金剛」とはダイヤモンドのように硬く、揺らぎのない完成された悟りの智慧です。根本大塔の立体曼荼羅は、この2つの曼荼羅を1つに融合。さらに仏像を配置することで立体的に表現しています。

根本大塔の立体曼荼羅

壇上伽藍にそびえ立つ根本大塔（☞P76）の内陣には、胎蔵界と金剛界の2つの曼荼羅世界の融合を表す仏像が安置され、弘法大師が伝えた真言密教の思想を今に伝えています。胎蔵界大日如来の周囲に、金剛界四仏の阿閦、宝生、無量寿（阿弥陀）、不空成就の如来像を安置。16本の柱には、堂本印象画伯による十六大菩薩像が描かれています。ぜひ内陣の周囲を巡って立体曼荼羅の美しさ、荘厳さを体感してみましょう。

正面

まずは中央に安置されたご本尊の胎蔵界大日如来のお姿を拝観。柱に描かれた優美な十六大菩薩は日本画家堂本印象の手によるもの。一体ずつ異なる表情や手の形にも注目です。

左奥

正面左手前からさらに時計回りに左奥へ向かいましょう。無量寿如来像の背後の十六大菩薩像の金剛利、金剛語、金剛因を拝観することができます。

左手前

正面から左手へ移動しながら拝観を。胎蔵界大日如来を囲むように、阿閦、宝生、無量寿（阿弥陀）、不空成就の金剛界四仏が安置されているのがよくわかります。

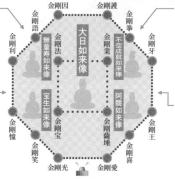

（立体曼荼羅配置図）

左奥 →
右奥 ←
左手前 →
右手前 ←

金剛因　金剛護
金剛語　　　　　金剛拳
金剛利　　　　　　　金剛牙
　　　　大日如来像
無量寿如来像　金剛法　　金剛業　不空成就如来像
宝生如来像　　　　　　阿閦如来像
金剛幢　　金剛宝　金剛薩埵　金剛王
金剛笑　　　　　　　　金剛喜
　　金剛光　　金剛愛
正面

右奥

かつてここには、天保14年（1843）の火災から奇跡的に免れた多聞天と持国天像が安置されていましたが、2015年に再建された中門（☞P76）に172年ぶりに戻されました。

右手前

十六大菩薩の金剛護、金剛拳、金剛牙、金剛牙、金剛喜、そして金剛愛を拝観。再び正面に戻り、御本尊の大日如来像に手を合わせたら、扉から退出しましょう。

湯浅 …P108

レトロな町並みが懐かしい

醤油蔵や大きな樽が並ぶ湯浅の町には歴史地区も含め、醤油の店が9軒も並ぶ。また、この地域で造られる金山寺味噌は創業400年を超える店もある。

▲醤油造りを見学できる蔵も

交通アクセス

🚄 新大阪駅 → 特急電車 1時間30分 → 湯浅駅

田辺タウン …P106

弁慶で知られる南紀の玄関口

熊野詣での交通拠点で、城下町として栄えた田辺の街。弁慶の出身地との伝説があり、南方熊楠や植芝盛平など世界的な偉人も輩出。世界遺産に登録された闘雞神社などのみどころも。

交通アクセス

🚄 新大阪駅 → 特急電車 2時間20分 → 紀伊田辺駅

関西国際空港
貝塚IC
泉佐野IC
泉佐野JCT
岩出根来IC
京奈和自動車道
和歌山IC
和歌山線
高野山
和歌山県
海南IC
有田IC
湯浅IC
湯浅
湯浅御坊道路
龍神温泉
御坊IC
371
みなべIC
阪和自動車道
みなべ
南紀田辺IC
闘雞神社
田辺タウン
白浜
南紀白浜空港
アドベンチャーワールド
白浜
42
紀勢自動車道
すさみ南IC
きのくに線
串本

熊野本宮大社
熊野三山・熊野古道
熊野速玉大社
新宮
熊野那智大社
補陀洛山寺
紀伊勝浦
太地
那智勝浦・太地・串本
串本

N
10km

▲醤油蔵が軒を連ねている湯浅の町並み

▲JR紀伊田辺駅前で訪れる人を迎える弁慶像

▼橋杭岩など絶景スポットも多い

▶イルカとふれあえる太地

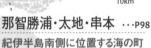

那智勝浦・太地・串本 …P98

紀伊半島南側に位置する海の町

良質なマグロを水揚げする那智勝浦と、かつて捕鯨で栄えた港町で現在はイルカ・クジラウォッチングが盛んな太地、本州最南端の町であり世界最北のサンゴ生息地・串本など海にちなんだ観光地がある。

交通アクセス

✈ 南紀白浜空港 → 車 5分 → 白浜駅 → 特急電車 53分 → 串本駅 → 特急電車 25分 → 太地駅
🚄 新大阪駅 → 特急電車 2時間30分 → 白浜駅
紀伊勝浦駅 ← 特急電車 6分 ← 太地駅

せっかくの旅ですもの
もう1日、南紀の個性あふれる観光地へ

紀伊半島の西〜南側にかけて海岸沿いに点在する観光地。
サンゴ群生地やイルカ、クジラとのふれあい。
マグログルメや醤油発祥の地を散策など、
バラエティに富んだ魅力いっぱいです。

美しいサンゴが生息する
紀伊半島南端の海で遊びたい

温暖な黒潮に育まれたサンゴが幻想的な紀伊半島南端の海では
不思議な生き物たちとの、感動的な出合いが待っています。

テーブルサンゴ
テーブル状の群体をつくるサンゴで、魚のすみかになる

くしもとかいちゅうこうえん
串本海中公園は
国際条約で
保護されています

ラムサール条約は水鳥が生息できる湿地の環境保全を目的に、イランのラムサールで制定された国際条約のこと。串本海中公園は平成17年（2005）11月に登録されました。

くしもとかいちゅうこうえん
串本海中公園

豊かな串本の海の魅力を体感

昭和45年（1970）に日本で初めて誕生した、海中の自然を保護するための海中公園。近海生物を展示する水族館や、沖合140m、水深6.3mに設置された海中展望塔からは海の様子が見られる。半潜水型の海中観光船では、海面下にある座席に座ったままで大型窓からサンゴの海の眺めを楽しむこともできる。
☎0735-62-1122 住串本町有田1157 ¥水族館・海中展望塔入場1800円、半潜水型海中観光船乗船1800円（入場・乗船セット2600円）🕘9時～16時30分（16時最終入場）休無休（観光船は荒天時休航）交JR串本駅から車で13分 P150台 MAP P119E4

🎵 海の仲間たちを紹介

クマノミ
イソギンチャクと共生し、性転換する。体長約10cm

ハナイカ
全身がネオンのように光り、海底を歩く。体長約5cm

ユカタハタ
赤い体に水色の斑点がある美しい魚。体長約40cm

タテジマ
キンチャクダイ
幼魚時代の奇抜な渦巻き模様が特徴。体長約40cm

串本
はんせんすいがたかいちゅう
かんこうせんすてらまりす

船で楽しむ

半潜水型海中観光船
ステラマリス

観光船に乗って
海中を眺めよう

海中公園前の乗り場から出航し、サンゴの群生ポイントを巡る。乗船時間は約25分間、1日6回出航（荒天、点検等で運休の場合あり）。

サンゴの群生ポイントを巡る観光船

ふれあって楽しむ

太地
どるふぃん・べぇいす
ドルフィン・ベイス
癒やしのふれあい体験で和みたい

イルカと遊べるプログラムを日本で最初に実施した体験施設。海中でイルカと泳げるスイムコースと、腰まで水に入ってふれあうエンカウンターコースがある。ドルフィン・スイムはウエットスーツ（レンタル料1100円）を着用するので年中無休、冬期でも体験OK。

☎0735-59-3514 🏠太地町森浦686-17 💴ドルフィン・スイム9350円、ドルフィン・エンカウンター2750円 🕐受付9～17時（完全予約制）🈺無休 🚃JR紀伊勝浦駅から車で15分 🅿15台 MAPP120C4

くじらの博物館でお勉強
400年以上続く古式捕鯨の伝統文化を伝える博物館。クジラの生態資料をはじめ貴重な資料も見られる。太地町立くじらの博物館☎0735-59-2400 MAPP120C4

ドルフィン・スイムをご紹介

1 イルカにご挨拶
体験のパートナーと対面。手を振ったり握手したりできる

2 トレーナー体験
サインを出すと、イルカがフラフープ回しなどの技を披露

3 ふれあいタイム
胸ビレや背中だけでなくお腹もさわらせてくれたり、人懐っこい

4 イルカと一緒にスイム
海上散歩はイルカの背ビレにつかまって。器用に生簀の中を泳ぐ

プールでイルカと遊べる施設

どるふぃんりぞーと
ドルフィンリゾート

太地の海を望むプールでイルカたちとふれあえる。エサやりからドルフィンスイムまで多彩な体験メニューから選べる。

☎0735-59-3952 🏠太地町森浦703-15 🕐9～16時予約受付 🈺不定休 🚃JR太地駅から車で3分 🅿20台 MAPP120C4

----- 体験メニュー -----
●エサやり体験
💴約5～10分1000円
●浅瀬でトレーナー体験／5歳以上
💴約20分4100円
●ドルフィンスイム／5歳以上
💴約45分8200円～（レンタル料込）
※内容・時間は季節により変動あり（要問合せ）

海上から楽しむ
ホエールウォッチング

那智勝浦
なんきまりんれじゃーさーびす
南紀マリンレジャーサービス
豪快なクジラと出合えるかも!?

ベテラン船長のガイドでクジラ探しに。出合えるかは天候と運次第。クジラ以外にもイルカなどの生き物と出合えるチャンスも。

☎0735-54-0725 🏠那智勝浦町宇久井285-2 💴約4時間6500円 🕐3月下旬～9月下旬の平日は7時～（土・日曜、祝日は6時～）※前日までに要予約、乗船日の前日12時以降に要出港確認 🈺荒天時 🚃JR宇久井駅から徒歩10分 🅿100台 MAPP120C3

▲イルカの群れのほか、トビウオやマンタと出合うこともある ▶クジラに船で接近。壮大なスケール

📖 串本海中公園の水族館でミニバックヤードツアーを開催（2023年9月現在、一時休止中。詳細は公式WEB）。

太平洋を一望する絶景地
串本・本州最南端ドライブ

本州最南端の潮岬からくしもと大橋を渡って紀伊大島へ。
潮風を全身に感じながら、見渡す限り広がる太平洋の絶景を味わいましょう。

ドライブコースはこちら

所要時間 5時間30分

START JR串本駅	
↓ 車で1分 1km	
① 串本応挙芦雪館 📷	
↓ 車で9分 6.5km	
② 潮岬 📷	
↓ 車で8分 6km	
③ 紀州なぎさの駅水門まつり 🍴	
↓ 車で1分 1km	
④ くしもと大橋 📷	
↓ 車で3分 2.5km	
⑤ 喫茶yuyano ☕	
↓ 車で8分 6km	
⑥ 樫野埼灯台 📷	
↓ 車で16分 11km	
⑦ 串本儀平本店 🎁	
↓ 車で1分 200m	
GOAL JR串本駅	

🚩 START!

JR串本駅

② しおのみさき
潮岬 📷

本州最南端に位置する岬

八丈島とほぼ同じ緯度にあり、太平洋に面した本州で最南端にある岬。岬の突端、30mもの断崖に立つ潮岬灯台は、明治6年（1873）に初点灯、「日本の灯台50選」に選ばれ、「のぼれる灯台16」の一つだ。

■本州最南端の潮岬は、東経135度46分、北緯33度26分の位置にある ②灯台下には昔の灯器具を展示する資料展示室も併設

☎0735-62-0141（潮岬灯台）住串本町潮岬 ¥300円 ⊕9時～16時30分（3～9月の土・日曜、祝日8月10～19日は8時30分～17時）休無休 交JR串本駅から車で15分 P50台（有料300円）MAP P119E4

②

■

① くしもとおうきょろせつかん
串本応挙芦雪館 📷

重要文化財に指定された名画に触れる

江戸時代中期の画家・円山応挙と弟子の長沢芦雪の作品を有する。応挙筆の『波上群仙図』など3作品20面と、芦雪筆の『虎図』『龍図』など6作品35面の合計55面からなる墨画襖絵『方丈障壁画』は国の重要文化財に指定されている。

■☎0735-62-6670 住串本町串本833無量寺境内 ¥1300円 ⊕9時30分～16時（最終受付）休HP参照 交JR串本駅から徒歩10分 P10台 MAP P119E4

■無量寺の境内に立つ小さな美術館 ②方丈障壁画のうちの、襖6枚に描かれた『虎図』

弘法大師が
架けようとした大橋？
[橋杭岩]

串本から紀伊大島に向かって大小約
40の岩が立ち並ぶ奇岩群。弘法大師
が大島まで橋を架けようとしたが途中
で断念し、杭だけが残ったという伝説が
ある。☎0735-62-3171（南紀串本観
光協会）MAP P119E4

◀nagiバゲット270円など香ばしく焼き上げ
た本格派パンからデニッシュ系までが豊富に

⑤ 喫茶yuyano

パンの香りが漂う癒やしの空間

パン工房nagiに併設されたカフェ
で、自家製酵母などを使ったパンと
一緒にオーガニックにこだわったコーヒ
ー420円や紅茶480円が楽しめる。紅
茶は地元・那智勝浦町産もある。

☎0735-70-4320 住串本町
大島1158 ⓣ9時30分～18時
（カフェは10時～16時30分LO）
休月・火曜（祝日の場合は営業）
交JR串本駅から車で10分 P4
台 MAP P119E4

▶直線のアーチ状の橋と、高
低差があるらせん状のループ
橋の2つの構造を併せもつ

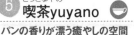

④ くしもと大橋

本州と紀伊大島をつなぐ美しい橋

直線の橋とループ状の橋がつながった、全国
的にも珍しい貴重な構造の橋。串本からルー
プ状の橋を上り、海上に向けてまっすぐ延びた
アーチ橋を渡ると、両サイドに真っ青な海が広
がり、まるで海の上を低空飛行しているよう。

☎0735-62-3171（南紀串本観光協会）住串本町串本
尾浦 ⓣ通行自由 休無休 交JR串本駅から車で8分 P6
台 MAP P119E4

③ 紀州なぎさの駅 水門まつり

海の幸と景色を楽しめる店

くしもと大橋を眺めながら、漁港から直送され
たばかりの鮮魚料理を味わえる。定番人気の
三色丼のほか、本マグロ丼2200円や本マグロ
大トロ丼3200円なども評判。

☎0735-62-7787 住串本町串
本1557-20 ⓣ9～17時（食事は
11時～、売り切れ次第終了）休無
休 P20台 交JR串本駅から車
で5分 MAP P119E4

▶キハダマグロ、トビコ、シラス
が色鮮やかな三色丼1480円

⑥ 樫野埼灯台

日本最古といわれる石造りの灯台

紀伊大島の東端に位置する、明治3年（1870）
に初点灯した日本最古の石造りの灯台。無人の
ため内部は非公開だが、外階段から台上に上る
と太平洋の美しい景観が眼前に広がる。

☎0735-62-3171（南紀串本
町観光協会）¥無料 住串本
町樫野埼 ⓣ外観自由 休無
休 交JR串本駅から車で20
分 P84台 MAP P119E4

◀灯台前に友好の象徴、トル
コ初代大統領の像が

GOAL!

JR串本駅

⑦ 串本儀平本店

串本名物のうすかわ饅頭

明治時代創業の老舗和菓子店。甘
さ控えめのこし餡を酒種生地で包
んだしっとりと上品な味わいのうす
かわ饅頭10個入り1620円が名物。

☎0735-62-0075 住串本町串本1851
ⓣ7時～18時30分（日曜は～18時）休無
休 交JR串本駅から徒歩3分 P6台
MAP P119E4

▶保存料を使
用せずに職人
さんが手作り
するので賞味
期限は2～3日

漁業基地だから鮮度抜群
那智勝浦ではマグロを食べたい

生マグロの水揚げ西日本一を誇る勝浦漁港では、
マグロを食べるだけでなく、マグロのツナ缶作り体験も楽しめます。

那智勝浦（なちかつうら）って
こんなところ

黒潮が流れ込む温暖な気候で、天然の良港が数多い。日本有数のマグロ港・勝浦漁港では、水揚げ間もない新鮮なマグロが味わえる。また、紀の松島とよばれる沿岸の景勝地には温泉宿や足湯なども点在する。

アクセス
🚌 **電車：** JR新大阪駅から紀伊勝浦駅まで紀勢本線（特急）で4時間16分
🚗 **車：** 阪和自動車道南紀田辺ICから国道42号経由で那智勝浦町まで約102km、紀勢自動車道紀勢大内山ICから国道42号経由で那智勝浦町まで約115km

問合せ
那智勝浦町観光案内所 ☎0735-52-5311
那智勝浦町観光企画課 ☎0735-52-2131
広域MAP P119F3

日本有数のマグロ港

勝浦漁港とは？

日本有数のマグロ漁業基地であり、延縄漁法（はえなわ）による生鮮マグロの水揚げ高は西日本一を誇る。仲買人たちの真剣なやりとりで活気にあふれている市場内は、2階観覧フロアからは無料で、1階フロアは有料で見学することができる。

☎0735-52-2131（那智勝浦町観光企画課）🏠那智勝浦町築地7-1-1 💴無料 🕐セリは7時〜 🈺土曜ほか不定休 🚃JR紀伊勝浦駅から徒歩5分 🅿なし **MAP** P103B1

🍜 竹原（たけはら）

地元で名の通った老舗マグロ料理店

目の前の漁港で水揚げされたばかりの鮮魚を惜しげもなく肉厚にカット。とれたてピチピチのトロは醤油につけた瞬間脂がほとばしるほど。テレビなどでも紹介され、全国からマグロ好きが訪れる有名店だ。

☎0735-52-1134 🏠那智勝浦町築地4-3-23 🕐11〜14時、17〜21時（日曜は昼のみ営業）🈺不定休 🚃JR紀伊勝浦駅から徒歩3分 🅿8台 **MAP** P103B1

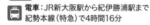
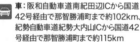

① マグロ刺身上盛合わせ1650円。トロ、中トロ、赤身を味わえる贅沢な一皿 ② お湯に浸して臭みを取ったマグロの尾ヒレ660円は、コラーゲンたっぷりで女性に人気

🎵 まぐろ体験CAN（まぐろたいけんかん）

マグロでツナ缶詰を作ろう

勝浦漁港内の体験施設で、缶詰作りにチャレンジできる。勝浦漁港で水揚げされたマグロで作る味はお墨付き。所要時間は約3時間。オリジナルラベルも作れる。

☎0735-52-0977 🏠那智勝浦町築地7-12 💴マグロ缶詰作り体験2500円 🕐9時〜、13時〜（体験は3日前までに要予約）🈺水曜（祝日の場合は翌日）🚃JR伊勝浦駅から徒歩5分 🅿あり **MAP** P103B1※2023年内は休止、以降の実施は未定のため要問合せ。

🎵 生まぐろ競りガイドツアー（なまぐろせりがいどつあー）

活気あふれる魚市場を見学

早朝に水揚げされたマグロが並ぶ魚市場の、普段は見ることのできない迫力あるセリの風景を、地元の公認ガイドと一緒に見学しよう。

☎0735-52-5311 🏠那智勝浦町築地7-12 💴2400円〜（試食付）🕐7〜8時、その後試食会 🈺火曜、市場の休み 🚃JR紀伊勝浦駅から徒歩5分 🅿なし **MAP** P103B1

梅雨時のお楽しみ
幻想的に光る
シイノトモシビタケを
見よう

那智勝浦から北へ約5kmの宇久井半島で見られる光るキノコ。森の妖精とよばれ、発光物質が酵素反応を起こして光を放つ。詳細は「環境省宇久井ビジターセンター（宇久井海と森の自然塾）」で。
☎0735-54-2510 MAP P120C4

◀ダイニングバーのようなbodaiのしゃれた店内

bodai ぼだい

本場マグロを趣向を凝らした創作料理に

活きのいい魚介類や地元産の野菜にアイデアをプラスした創作料理が楽しめる店。JR紀伊勝浦駅前にあり立地もいい。マグロとアボカドのポキ980円など手軽に楽しめる価格設定もうれしい。

☎0735-52-0039 住那智勝浦町築地5-1-3 ⏰11〜14時、17時〜21時30分 休火曜 交JR紀伊勝浦駅からすぐ P3台 MAP P103B1

▲マグロ中トロカツ1400円。真ん中はレアのまま、定食は1500円

個室風の座敷席もありくつろげる▶

味処 ゆや あじどころ ゆや

多彩なマグロ料理を味わえる

握り寿司やチーズ焼きなど工夫を凝らしたマグロ料理を楽しめる地元でも人気の居酒屋店。カウンターやテーブル席のほか座敷席もあり、家庭的な雰囲気のなか、くつろいで食事ができる。

☎0735-52-5577 住那智勝浦町朝日2-248 ⏰17時30分〜21時30分LO 休月・火曜 交JR紀伊勝浦駅から徒歩7分 P5台 MAP P103A1

▲まぐろ3貫ににぎり750円のほか、まぐろのチーズ焼き990円が人気の品

那智勝浦 ● 鮮度抜群のマグロを食べたい

小倉家 おぐらや

熊野の名産品を買うならここ！

熊野の郷土品や民芸品が揃う老舗みやげ物店。オリジナルの熊野古式鯨舟は（小）1320円〜。予約をすれば鯨舟の絵付け体験1200円もできる。詳細は要問合せ。

☎0735-52-0650 住那智勝浦町築地4-2-4 ⏰7時30分〜18時30分 休不定休 交JR紀伊勝浦駅から徒歩すぐ P1台 MAP P103B1

▲かつてクジラ漁に使われていた色鮮やかな熊野古式鯨舟の置物

紀の松島めぐり きのまつしまめぐり

南紀の絶景を巡るクルージング

▼日本三景の東北松島にも似た景観が楽しめる

紀の松島を巡る遊覧船。紺碧の海に浮かぶ大小130にも及ぶ奇礁奇岩が見学できる。太地くじら浜公園に寄港するコースやイルカと出合えるコースも。

☎0735-52-8188 住那智勝浦町勝浦442-20 Y乗船Aコース55分1650円 ⏰8時30分発の1便ほか1日6便※要問合せ 休水曜、荒天時 交乗船場の勝浦観光桟橋へはJR紀伊勝浦駅から徒歩7分 Pなし MAP P103B1

井藤かまぼこ店 いとうかまぼこてん

老舗のかまぼこ店

勝浦漁港に近く、朝からすり身を揚げて作る季節の天ぷらが人気で、昼前には売り切れてしまうほど。ひら天108円。真空パック入りの天ぷらは3枚入り400円でおみやげに。

☎0735-52-0413 住那智勝浦町築地3-3-14 ⏰8〜16時 休日曜 交JR紀伊勝浦駅から徒歩3分 Pなし MAP P103B1

▶揚げたてのひら天はその場でアツアツをかじりたい

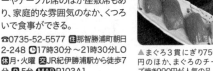

勝浦漁港にある「勝浦漁港にぎわい市場」では、マグロなどの特産品が買えます。☎0735-52-0555 MAP P103B1

103

泊まらなくても楽しめます
潮風を感じる絶景立ち寄り湯

太平洋の海原と自然の息吹を感じるこだわりの露天風呂。
旅の途中で立ち寄ればほっこり疲れも忘れます。

太平洋の水平線が眼下に！雄大な海景色を楽しめる

南紀勝浦温泉
めざめのゆ
めざめの湯

太平洋に面した宇久井半島の高台に立つ休暇村南紀勝浦の名物展望風呂。晴れた日の早朝には日の出に輝く海景色を望むことができるので、できれば宿泊しての朝風呂がオススメ。

☎0735-54-0126 🏠那智勝浦町宇井719 🕐11時～19時30分 🈺木曜は15時から営業、繁忙期不定休 🚉JR紀伊勝浦駅から車で20分 🅿55台
MAP P120C4

1 太平洋の大海原と水平線、潮風を楽しめる露天風呂 2 浴室内からもガラス窓越しに吉野熊野国立公園の大自然の眺めを堪能

♨ 立ち寄り湯データ ― 料金1000円
シャンプー…○
石鹸・ボディソープ…○
フェイスタオル…100円
バスタオル…200円貸出

休暇村 南紀勝浦
✛1泊2食付き料金✛
平日1万4000円～
休前日1万6200円～

南紀勝浦温泉
ぼうきどう
忘帰洞

大正時代に紀州徳川家の当主が「帰るのを忘れるほど素晴らしい」と賞賛したことから命名されたといわれる。洞窟から雄大な海の景観を望みながらの入浴は格別で朝日が昇る時間と夕日が沈む時間は特にオススメ。ホテル浦島内には忘帰洞以外にも計4つの浴場がある。

☎0735-52-1011 🏠那智勝浦町勝浦1165-2 🕐9～18時受付（忘帰洞10～13時不可） 🈺不定休 🚉JR紀伊勝浦駅から徒歩7分の観光桟橋から送迎船で3分 🅿400台 MAP P120C4

熊野灘の絶景に面する洞窟の中に湧く温泉

ホテル浦島
✛1泊2食付き料金✛
平日1万6650円～
休前日1万8850円～

1 洞窟の中から岩間を通して見る海は絶景 2 桟橋から海へはカメの姿の送迎船に乗って海を渡る

♨ 立ち寄り湯データ ― 料金1300円
シャンプー…○ 石鹸・ボディソープ…×
フェイスタオル…○ バスタオル…有料

南紀勝浦温泉
しおみのゆ
汐見の湯

旅愁に浸る 絶景の露天岩風呂で

山と海が織りなす風景画のような絶景を望みながらの入浴は、まるで自然に溶け込んだような気分が味わえる。敷地内の地下から湧き出る湯は、芯までほっこりと温まれる源泉かけ流し。勝浦湾の南端にあり、ホテルからの眺めも抜群なので、湯上がりは客室からゆっくり大自然の海景色を眺めたい。

☎0735-52-0015 住那智勝浦町湯川955-1 ◎15～22時 休不定休 交JR紀伊勝浦駅から車で3分 P70台 MAP P120C4

ホテルなぎさや
÷1泊2食付き料金÷
平日1万3350円～
休前日1万5550円～

■1 敷地内の地下から湧き出る源泉かけ流しの湯をゆっくり楽しもう ■2 室内浴場の壁面には地元の魚が泳ぐ水槽がある

♨ 立ち寄り湯データ　料金1100円
シャンプー…○　石鹸・ボディソープ…○
フェイスタオル…○　バスタオル…×

紀伊大島が目の前に広がる絶景を貸切て

♨ 立ち寄り湯データ　料金1200円
シャンプー…○　石鹸・ボディソープ…○
フェイスタオル…200円
バスタオル…250円貸出

■1 開放感あふれる半露天風呂から串本の海の絶景を ■2 湯船がひとつのシンプルな造りの浴室が一室のみ

姫温泉
こうぼうゆ
弘法湯

橋杭岩のすぐそばで、串本の海に面した半露天風呂を、貸切入浴できる温泉施設。事前予約が必要で、土・日曜、祝日、GW、夏休み期間や年末年始等は2名から利用可（2400円～）。18～翌9時には1組のみ素泊まりできる。

☎0735-70-1994（橋杭ICO）住串本町圓野川1562 ◎10～17時（最終受付16時）、事前要予約 休水・木曜（祝日の場合は営業）交JR串本駅から車で3分 P3台 MAP P119E4

弘法湯
÷素泊まり料金÷
6600円～
（定員3名、連泊不可）

南紀太地温泉
ていえんろてんぶろ・さきなみのゆ
庭園露天風呂・
岬波の湯

海景色を庭園露天風呂から

太地くじら浜公園に立つ温泉旅館にある露天風呂で、広大な海の景観を間近に望むことができるロケーションが自慢。和風庭園に巨石を配した岬波の湯は、ぽかぽかと体が温まるナトリウム泉。館内の大浴場からは「紀の松島」といわれる勝浦の海景色も眺めることができる。

☎0735-59-3060 住太地町太地2906 ◎16～21時 休不定休 交JR太地駅から車で10分 P50台 MAP P120C4

花いろどりの宿 花游
÷1泊2食付き料金÷
平日1万7200円～
休前日1万9400円～

■1 和風庭園の巨石の向こうには絶景が広がる ■2 檜の肌ざわりがやさしい大浴場からも景色が楽しめる

♨ 立ち寄り湯データ　料金1100円
シャンプー…○　石鹸・ボディソープ…○
フェイスタオル…○
バスタオル…○（有料貸出110円）

紀南と熊野詣での玄関口
田辺の街を散策しましょう

熊野詣の交通拠点で、城下町として発展した田辺の街。
田辺の三偉人ゆかりのスポットやご当地グルメを巡りましょう。

田辺タウンってこんなところ

平安時代のころからの交通の要衝で、熊野古道中辺路と大辺路の分岐点にあたることから「口熊野」とよばれた地。江戸時代には城下町として栄え、紀南の経済文化の中心として発展。世界遺産にも登録された闘雞神社神社や南方熊楠の邸宅跡などのほか、地元グルメも楽しめる。

アクセス

🚃 **電車**：JR新大阪駅から紀伊田辺駅まできのくに線で2時間20分

🚗 **車**：阪和自動車道南紀田辺ICから国道42号、県道208号経由で約3km

📞 **問合せ** 田辺市観光振興課 ☎0739-26-9929

MAP P118C2

❶允恭天皇8年（419）の創建 ❷六棟の本殿は国重文に指定

🏯 闘雞神社 （とうけいじんじゃ）

熊野の神々を祀る世界遺産の神社

弁慶の父と伝わる熊野別当湛増が闘鶏で神意を占い、熊野水軍を率いて壇ノ浦に向かい、源氏を勝利に導いた伝説がある。熊野三山の別宮として信仰され、平成28年（2016）に世界遺産に登録された。☎0739-22-0155 🏠田辺市東陽1-1 🕐境内自由 🚶JR紀伊田辺駅から徒歩7分 🅿100台 **MAP** P106B2

🏛 南方熊楠顕彰館 （みなかたくまぐすけんしょうかん）

熊楠の偉業を伝える情報発信拠点

世界的な博物学者、南方熊楠の生涯と業績を学べる資料館。晩年を過ごした邸宅の隣に開館。約2万5000点以上の資料を収蔵する。☎0739-26-9909 🕐入館無料（旧邸見学350円）🕐10～17時（最終受付16時30分）🗓月曜、不定休あり 🚶JR紀伊田辺駅から徒歩10分 🅿12台 **MAP** P106A2

▲館内では熊楠の研究を解説

田辺市 地図
0 400m 徒歩約6分

観音山 P.107 フルーツパーラー南紀田辺店
ビジネスホテルサンシャイン
植芝盛平の墓 P.107
高山寺
宝来寿司 P.107
駅レンタカー紀伊田辺営業所
熊野古道方面行きバスのりば
COFFEE HOUSE GORILA P.107
たな梅本店 P.107
八坂神社（弁慶腰掛石）
田辺第一小
紀伊田辺駅
弁慶像 P.107
田辺運転免許センター
市民総合センター
市立歴史民俗資料館
南方熊楠顕彰館 P.106
田辺水門跡
洲崎
弁慶松・弁慶湯之井戸
田辺湾
植芝盛平像 P.107
闘雞神社 P.106
田辺第二小
南紀高

天神崎では、引き潮の際、潮位が140～150cmで風が穏やかな時に、岩礁に溜まった水が反射して、ウユニ塩湖のような景色が見られる。
🚃JR紀伊田辺駅から車で10分
MAP P118B2

🍜 宝来寿司
ほうらいずし

田辺自慢の地元食材を味わうならココ

田辺特産の海藻ヒロメなど地元食材を使った名物寿司、ひとはめ寿司770円がおすすめ。お造りや茶碗蒸しなどが付くひとはめ定食は1870円。ふっくら太刀魚天丼1210円などの「あがら丼」メニューも揃う。☎0739-22-0834 🏠田辺市湊18-12 ⏰10～21時 🈳月曜 🚃JR紀伊田辺駅から徒歩5分 🅿契約駐車場20台 MAP P106B2

❶色鮮やかな海藻ヒロメで巻くひとはめ寿司 ❷地魚が自慢の寿司店

☕ COFFEE HOUSE GORILA
こーひー はうす ごりら

喫茶で味わう名物サンド

昭和58年(1983)に創業、平成30年(2018)現在地に移転オープン。コーヒー480円～など飲み物のほか、料理も豊富。たなべぇサンド650円は鶏もも肉の照り焼きに自家製うめびしおを挟んだ名物サンド。☎0739-24-5078 🏠田辺市今福町104 ⏰8時30分～19時LO 🈳日曜 🚃JR紀伊田辺駅から徒歩7分 🅿周辺駐車場利用 MAP P106B2

▲たなべぇサンドはボリュームも満点

🍵 観音山フルーツパーラー南紀田辺店
かんのんやまふるーつぱーらーなんきたなべてん

フルーツを贅沢に使ったパフェが話題

明治時代から続くフルーツ農家が手がけるカフェ。レモンやイチゴ、桃など、旬の果実をたっぷり使ったパフェは見た目も味も極上の一品。☎0739-33-7730 🏠田辺市稲成町270-1産直市場よってっていなり本館2階 ⏰10～17時 🈳無休（年始は休み）🚃JR紀伊田辺駅から車で12分 🅿165台 MAP P106B1

◀通年で提供している、和歌山県産旬フルーツの農園パフェ1690円

🛍 たな梅本店
たなうめほんてん

江戸時代から続く老舗で名物を

慶応年間(1865)ごろ創業の蒲鉾製造の老舗。新鮮な魚をすり身にして四角い型に入れ焼き上げる南蛮焼1枚1404円が名物。ごぼう巻きは1本1058円。☎0739-22-5204 🏠田辺市福路町39 ⏰8時30分～17時30分 🈳無休 🚃JR紀伊田辺駅から徒歩10分 🅿3台 MAP P106A2

▲なんば焼、ごぼう巻のほかひら天も人気

・田辺の・三偉人

南方熊楠(1867～1941)
みなかたくまぐす

田辺で晩年を過ごした知の巨人

世界的な博物学者で、日本の博物学、宗教学、民俗学の先駆者。植物学、特に菌類・変形菌類の分野の研究で知られる。晩年の25年間を過ごした邸宅が残る。南方熊楠顕彰館・南方熊楠邸 ➡P106

▶南方熊楠顕彰館の熊楠の胸像

植芝盛平(1883～1969)
うえしばもりへい

田辺が生んだ世界的武術の創始者

合気道の創始者。田辺市上の山に生まれ、高山寺に墓がある。19歳のときに修行の旅に出て独自の武術を習得、大正11年(1922)に合気武術と名付け世界に広めた。➡問合せ 田辺市教育委員会 スポーツ振興課 ☎0739-25-2531 MAP P106A2

▶扇ヶ浜公園に立つ盛平翁顕彰像

武蔵坊弁慶
むさしぼうべんけい

義経に仕えた怪力の荒法師

源義経に仕え武名をあげた弁慶の出生地は田辺と伝えられ、市内には弁慶の父熊野別当湛増ゆかりの闘雞神社のほか、腰掛石、弁慶松などの史跡がある。➡問合せ 田辺市観光振興課 ☎0739-26-9929 MAP P106B2

▶JR紀伊田辺駅前の弁慶像

（縦書き右欄）
田辺市街 ● 紀南と熊野詣での玄関口、田辺の街を散策

醤油蔵が立ち並ぶ
レトロタウン・湯浅をお散歩

今も醤油や味噌が昔ながらの製法で醸造されている町・湯浅。
醤油の香りを嗅ぎながら、歴史情緒あふれる町をのんびり歩いてみましょう。

＋湯浅<small>（ゆあさ）</small>って
こんなところ

熊野詣の宿場町として賑わった湯浅は、醤油発祥の地として発展し、かつては、多くの醤油蔵が軒を連ねていた。町並みは国の重要伝統的建造物保存地区にも選定され、狭い小路には醤油蔵や土蔵が点在。ノスタルジックな町並み散策を楽しもう。

アクセス

🚃 **電車**：JR新大阪駅から湯浅駅まできのくに線で1時間30分

🚗 **車**：湯浅御坊道路 湯浅ICから国道424号で約3km

問合せ

湯浅町ふるさと振興課
☎0737-64-1112
広域MAP P116A4

▲今も木桶に醤油を仕込む

▲醤油造りの様子を見学でき、蔵カフェも併設している

🛍 湯浅醤油<small>（ゆあさしょうゆ）</small>

伝統を頑なに守り続ける

100年以上現役を誇る杉樽が圧巻。醤油のいい香りが迎えてくれる蔵の見学は、年間8万人が訪れるほどの人気で櫂入れなど醤油づくり体験300円もできる。自由見学は予約不要だ。

☎0737-63-2267
🏠湯浅町湯浅1464
🕘9〜16時 🏖年末年始 🚉JR湯浅駅から徒歩10分 🅿20台
MAP P116A4

＼こんなのあります／
人気醤油みやげ

湯浅醤油ソフトクリーム
450円
黒沢牧場とコラボした香ばしい香りのソフト。併設の蔵カフェで販売

湯浅醤油
生一本黒豆醤油
（きいっぽんくろまめじょうゆ）
200ml 1080円
750年の伝統が息づく濃口醤油の最高峰。味わい深く、海外でも人気

金山寺味噌
270g 734円
米、大麦、大豆、ナス、ウリ、しょうが、シソを漬けた伝統の「おかず味噌」

▲ ご飯やお茶漬けなど
にぴったりの金山寺味
噌(500g 1512円〜)

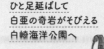

ひと足延ばして
白亜の奇岩がそびえる
白崎海洋公園へ

由良町の「白崎海洋公園」が位置する一帯は、約2億5000万年以上も前に形成された白い石灰岩に覆われている。散策コースがあり、まるで日本のエーゲ海のような眺望も人気。交JR紀伊由良駅から車で15分 MAP P116A4

🛍 玉井醤本舗大三
たまいしょうほんぽだいさん

栄養たっぷりの保存食

湯浅の醤油造りの発祥といわれている経山寺（金山寺）味噌を今も造り続ける老舗。創業から400年変わらない歴史ある味噌は国産大豆の麹に天然塩と夏野菜などを漬けこんだ保存食だ。

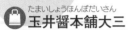

▲ 厳選した材料を使い、無添加で造る

☎0737-62-3412 住湯浅町湯浅531 ⏰9〜18時 休木曜 交JR湯浅駅から徒歩12分 Pなし MAP P108

▶ 堀の反対側からは蔵が並ぶ様子も眺められる

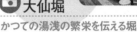

📷 大仙堀
だいせんぼり

かつての湯浅の繁栄を伝える堀

かつて船着き場として醤油などの荷物の積み下ろしで活躍した堀。今は使われていないが、「大仙堀」と書かれた杭が立ち、内港が残されている。

☎0737-64-1112（湯浅町ふるさと振興課）住湯浅町湯浅 ¥休見学自由 交JR湯浅駅から徒歩10分 Pなし MAP P108

🍜 かどや食堂
かどやしょくどう

新鮮なしらすをたっぷりと

和歌山県下でも有数の水揚げ量を誇る湯浅のしらすをたっぷりと丼で。なめらかな舌ざわりと新鮮さがたまらない生しらす丼は1100円。釜揚げのしらす丼は720円。

☎0737-62-2667 住湯浅町湯浅1109-1 ⏰11〜14時、17〜20時 休水、日曜の夜（昼は営業）交JR湯浅駅からすぐ P4台 MAP P108

▲ 臭みがなく独特の風味がくせになる生しらす丼

▲ ご飯やお茶漬けなどにぴったりの金山寺味噌(220g 550円〜)

▼ 駅に近いので帰りに気軽に立ち寄れる

🛍 味の屋醸造 丸新 湯浅駅前通り店
あじのやじょうぞう まるしん ゆあさえきまえどおりてん

金山寺味噌やすだちぽん酢が評判

伝統の金山寺味噌や醤油、ぽん酢を製造販売する店。夫婦で迎えてくれる温かな雰囲気の店で、蜜柑のお菓子やしらすの佃煮などの名産品や和歌山みやげなども多数扱っている。

☎0737-62-5111 住湯浅町湯浅1055-22 ⏰9〜19時 休不定休 交JR湯浅駅から徒歩1分 P3台 MAP P108

◀ 夜はライトアップされる

📷 立石の道標
たていしのどうひょう

熊野古道と高野山への分岐点

道町通りと寺前通りの交差点にある道標。この道町通りがかつての熊野古道であり、高野山への分岐点であったことを示している。熊野古道、伊勢・高野山など3つの方角を指す。

☎0737-64-1112（湯浅町ふるさと振興課）住湯浅町湯浅788 ¥休見学自由 交JR湯浅駅から徒歩5分 Pなし MAP P108

▶ 事前に予約をすれば、職人蔵の見学も可能

👜 角長
かどちょう

天保時代の木桶と製法を今に伝える

天保12年（1841）創業の老舗の醤油蔵。創業時から使っている蔵で、木桶でじっくり時間をかけて醸造する。併設の職人蔵では醤油造りの道具や資料などを展示。

☎0737-62-2035 住湯浅町湯浅7 ¥職人蔵見学無料 ⏰9〜17時（醤油資料館9〜12時、13時〜16時30分）休無休 交JR湯浅駅から徒歩15分 P10台 MAP P108

📖 有田と湯浅の二つの町はかつて熊野古道で結ばれており古刹や旧跡が点在。往時の繁栄を物語る町並みで散策にぴったりです。

南紀への交通

南紀へは大阪または名古屋からの鉄道、バス利用が一般的。東京からは飛行機利用で南紀白浜空港に出ると便利です。

🌐 鉄道や高速バスでアクセス 🚋🚌

※BT=バスターミナル
BC=バスセンター

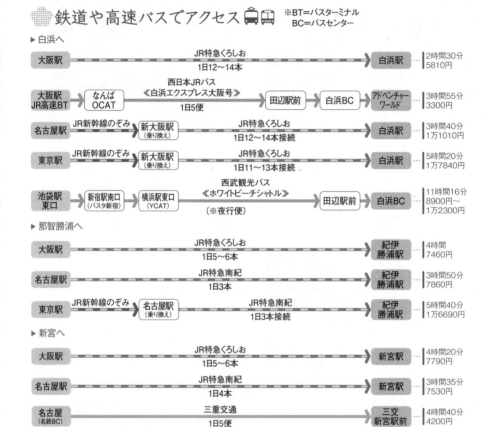

▶ 白浜へ

大阪駅	JR特急くろしお 1日12〜14本		白浜駅	2時間30分 5810円
大阪駅 JR高速BT	なんば OCAT → 西日本JRバス《白浜エクスプレス大阪号》1日5便 → 田辺駅前 白浜BC		アドベンチャーワールド	3時間55分 3300円
名古屋駅	JR新幹線のぞみ → 新大阪駅(乗り換え) JR特急くろしお 1日12〜14本接続		白浜駅	3時間40分 1万1010円
東京駅	JR新幹線のぞみ → 新大阪駅(乗り換え) JR特急くろしお 1日11〜13本接続		白浜駅	5時間20分 1万7840円
池袋駅 東口	新宿駅南口(バスタ新宿) 横浜駅東口(YCAT) 西武観光バス《ホワイトビーチシャトル》(※夜行便) → 田辺駅前 白浜BC			11時間16分 8900円〜 1万2300円

▶ 那智勝浦へ

大阪駅	JR特急くろしお 1日5〜6本	紀伊勝浦駅	4時間 7460円
名古屋駅	JR特急南紀 1日3本	紀伊勝浦駅	3時間50分 7860円
東京駅	JR新幹線のぞみ → 名古屋駅(乗り換え) JR特急南紀 1日3本接続	紀伊勝浦駅	5時間40分 1万6690円

▶ 新宮へ

大阪駅	JR特急くろしお 1日5〜6本	新宮駅	4時間20分 7790円
名古屋駅	JR特急南紀 1日4本	新宮駅	3時間35分 7530円
名古屋(名鉄BC)	三重交通 1日5便	三交新宮駅前	4時間40分 4200円
東京駅	JR新幹線のぞみ → 名古屋駅(乗り換え) JR特急南紀 1日4本接続	新宮駅	5時間20分 1万6360円

▶ 熊野本宮へ

大阪駅	JR特急くろしお 1日12〜15本 →	紀伊田辺駅	龍神バス 1日5便接続※1便は明光バスの快速熊野古道号新宮行き →	本宮大社前	4時間35分 7910円
名古屋駅	JR特急南紀 1日4本 →	新宮駅	熊野御坊南海バス 1日3便接続 →	本宮大社前	5時間10分 9090円

※2023年8月現在、所要時間は目安で、実際に利用する列車・便により異なります。
※JR利用のねだんは、運賃・特急料金(通常期の普通車指定席)を合計したものです。

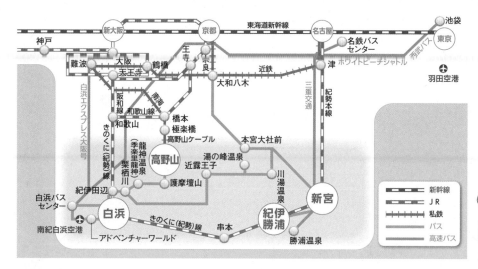

▶ 高野山へ

南海 難波駅	南海電鉄・特急こうや 1日4〜7本	極楽橋駅 (乗り換え)	高野山ケーブル 電車の発着に接続運行	高野山駅	1時間35分 2220円(※ケーブル 料金500円含む)

近鉄 名古屋駅	近鉄特急 1時間に2〜3本	大阪難波駅 (乗り換え)	南海電鉄・ 特急こうや 1日3〜6本接続	極楽橋駅 (乗り換え)	高野山ケーブル	高野山駅	4時間30分 7010〜7210円 (※ケーブル料金 500円含む)

飛行機でアクセス

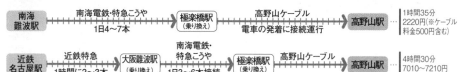

羽田空港	JAL／1日3便 約1時間10分	南紀白浜 空港

※航空のねだんは、搭乗日、利用する便や航空会社の空席予測などで変わります。詳しくは、公式WEBサイトでご確認ください。

南紀白浜空港からの交通
・白浜駅へは明光バスで20分(360円)
・熊野本宮大社へは明光バス〈快速熊野古道号〉(1日2便)で2時間22分(2550円)
・串本駅、紀伊勝浦駅、新宮駅へは熊野御坊南海バス(1日2便)で各1時間10分(2000円)1時間55分(2600円)、2時間20分(3200円)

☎ 問合せ先

飛行機

●JAL (日本航空)
☎ 0570-025-071

バス

●西武観光バス
☎ 0570-025-258

●西日本JRバス
☎ 0570-00-2424

●三重交通
☎ 0597-85-2196

●熊野御坊南海バス (熊野)
☎ 0735-22-5101

●南海りんかんバス (高野山)
☎ 0736-56-2250

●龍神バス
☎ 0739-22-2100

●明光バス
☎ 0739-42-3378

おトクなきっぷを活用しよう

●WEB早特7・14
(JR西日本)

「e5489」(JR西日本のネット予約専用のきっぷ。7は乗車日の7日前、14は14日前までの購入で、特急「くろしお」の普通車指定席(片道)がお得に利用できる。
・大阪駅〜白浜駅間
　7＝5220円／14＝4640円
・大阪市内〜新宮駅間
　7＝7000円／14＝6230円

●高野山・世界遺産
きっぷ (南海電鉄)

南海難波駅など南海電鉄の各駅から高野山駅までの往復割引乗車券に、高野山内の南海りんかんバス2日フリーきっぷ、金剛峯寺、根本大塔、金堂などの2割引券がセットになったきっぷ。2日間有効。
・南海難波駅から
　3540円(特急券別)

●南紀・熊野古道フリーきっぷ
〈中辺路コース〉(JR東海)

発駅からフリー区間への往復に特急「南紀」の普通車指定席が利用でき、きのくに線の熊野市駅〜紀伊勝浦駅間と熊野御坊南海バス・龍神バスの指定区間が乗り降り自由のきっぷ。フリー区間内でも特急の自由席に乗車可。3日間有効。
・名古屋市内から9970円

※GW・お盆・年末年始の時期は利用不可

車で南紀・高野山へ 🚗 ㊷は国道、㉝は県道

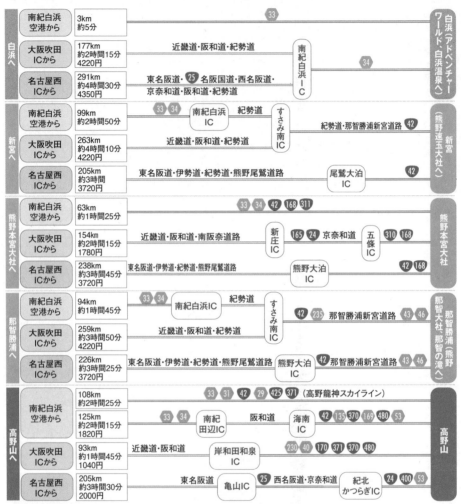

※区間距離・所要時間は目安です。
※高速道路・有料道路の料金は平日ETC利用の普通車のものです。現金払いでは異なることがあります。

☎ 問合せ先

レンタカー 予約センター	●日産レンタカー	日本道路交通情報センター	●近畿地方高速情報	NEXCO西日本
●トヨタレンタカー ☎0800-7000-111	☎0120-00-4123	●和歌山情報 ☎050-3369-6630	☎050-3369-6768	☎0120-924863 ☎06-6876-9031
●ニッポンレンタカー ☎0800-500-0919		●三重情報 ☎050-3369-6624	NEXCO中日本 ☎0120-922229 ☎052-223-0333	

お得な レンタカー割引

●レール＆レンタカー きっぷ(JR各社)

JR駅みどりの窓口で、特急や新幹線のチケットなどと一緒に駅レンタカー券を購入する。レンタカー料金はSクラスで24時間7920円(免責補償料込み)〜、さらにJRチケットの割引あり。(4月27日〜5月6日、8月10日〜19日、12月28日〜1月6日はJRの割引はなし)

主要観光地間のアクセス

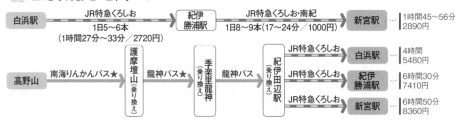

白浜駅 ── JR特急くろしお 1日5〜6本 (1時間27分〜33分／2720円) ── 紀伊勝浦駅 ── JR特急くろしお・南紀 1日8〜9本(17〜24分／1000円) ── 新宮駅 … 1時間45分〜56分 2890円

高野山 ── 南海りんかんバス★ ── 護摩壇山(乗り換え) ── 龍神バス★ ── 季楽里龍神(乗り換え) ── 龍神バス ── 紀伊田辺駅(乗り換え) ── JR特急くろしお ── 白浜駅 … 4時間 5480円
── JR特急くろしお ── 紀伊勝浦駅 … 6時間30分 7410円
── JR特急くろしお ── 新宮駅 … 6時間50分 8360円

★高野山駅〜護摩壇山〜季楽里龍神間のバス(聖地巡礼バス 1日1便)は予約制で、夏期(7月20日〜 8月31日)冬期(12月1日〜 3月31日)運休です。
※「高野山から」と「高野山へ」の所要時間は、接続列車への乗り換え時間により、大きく異なっています。
※JR利用のねだんは、運賃・特急料金(通常期に普通車自由席利用)を合計したものです。

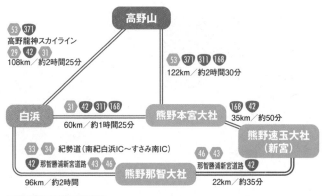

高野山
53 371 高野龍神スカイライン
29 42 31 108km／約2時間25分

53 371 311 168 122km／約2時間30分

白浜 ── 31 42 311 168 60km／約1時間25分 ── 熊野本宮大社
── 168 42 35km／約50分 ── 熊野速玉大社(新宮)

33 34 紀勢道(南紀白浜IC〜すさみ南IC)
42 那智勝浦新宮道路 43 46
96km／約2時間
熊野那智大社

46 43 那智勝浦新宮道路 42 22km／約35分

※区間距離・所要時間は目安です。

世界遺産へのバス

●世界遺産「高野山・熊野」聖地巡礼バス

高野山駅〜護摩壇山(乗換)〜龍神温泉〜熊野本宮を結ぶ予約制の「聖地巡礼バス」が、4月1日〜7月10日・9月1日〜11月30日の毎日1往復、南海りんかんバスと龍神バスにより運行。途中で乗り継いで、紀伊田辺駅とも連絡している。

●快速熊野古道号

白浜温泉〜熊野古道〜熊野本宮大社〜JR新宮駅間を結ぶ「熊野古道号」を、明光バスが1日2便運行。白浜に宿泊して熊野古道や熊野本宮に行くのに便利。

南紀・熊野古道・白浜の
知っておきたいあれこれ

巡礼の道、熊野古道で結ばれる熊野三山や山上の宗教都市高野山。
世界遺産のみどころをはじめ、南紀の知っておきたいアレコレを集めました。

読んでおきたい本

世界遺産や寺社に関する歴史や文化、和歌山出身の学者、南方熊楠など関連の本を読んで旅に深みを足しましょう。

高野山 一乗院のこころとからだをととのえる 精進料理

高野山で約50ある宿坊のなかでも、特に人気のある一乗院。旬の野菜や山菜を味わい尽くすレシピを、96品紹介する料理本。
ワニブックス／2012年／石和田聡信／1466円

猫楠―南方熊楠の生涯

熊野ゆかりの粘菌学者・南方熊楠の生涯を、水木しげるが漫画に。研究にかける思いや「変人」といわれた人柄をコミカルに描いている。
角川文庫／1996年／水木しげる／858円

熊野三山（楽学ブックス）

時を超えて人々を惹きつける熊野三山とはどんな場所か？ 重厚な写真で、聖地・熊野の魅力を深く掘り下げて紹介。
JTBパブリッシング／2014年／KanKan（写真）1650円

紀ノ川

和歌山を舞台に素封家の女性3代にわたる生きざまを描く。第二次世界大戦を挟む激動の時代を生きた女性の力強さに感動。
新潮文庫／1964年／有吉佐和子／737円

神社建築

紀伊山地の霊場と参詣道として知られる熊野三山と高野山。周辺神社の建築様式がのちの寺社建築に影響を与えた。

きりつまづくり 切妻造

地上に向かって2つの傾斜面が本を伏せたような、山形屋根形状のひとつ。熊野本宮大社の第3殿などでその造りが見られる。

いりもやづくり 入母屋造

東アジアの伝統的な屋根形式の一つ。切妻造と、4方向に傾斜する屋根面をもつ寄棟造の組み合わせであり、最も格式が高い形式として重んじられている。金剛峯寺、熊野本宮大社の第一殿・二殿で見ることができる。

くまのづくり 熊野造

熊野那智大社の第一から五殿の5つと熊野本宮大社第三・四殿に見られる建て方で、切妻造の社殿の正面と背面に庇を設け、四方に縁をめぐらした形式。「伊勢造」「出雲造」に並び、全国的にも有名な神社建築様式だ。

和歌山ゆかりの人物

江戸幕府八代将軍や世界的な博物学者、日本サッカーの生みの親など、和歌山出身の有名人を紹介。

●とくがわよしむね 「徳川吉宗」

貞保元年（1684）紀州藩二代藩主・徳川光貞の四男として生まれ、父と2人の兄の死後、五代藩主として藩財政を再建。のちに江戸幕府第八代将軍となり享保の改革を行った名君で知られる。

▲和歌山城近くに彫像が

●みなかたくまぐす 「南方熊楠」

博物学の巨星。慶応3年（1867）和歌山市に生まれ、東大予備門中退後、海外で多くの論文を発表。生物学、人文科学、民俗学など対象は多岐にわたるが在野の学者に徹し、自然保護に力を注いだ。

▲田辺市の南方熊楠旧居

●なかむらかくのすけ 「中村覚之助」

日本サッカーの普及に貢献。明治11年（1878）に那智勝浦町に生まれ、和歌山師範学校を卒業、東京高等師範学校に入学、米国の「アッソシェーションフットボール」を翻訳、日本最初のサッカーチームを作る。

▲JR那智駅前に立つ碑

伝統工芸品

古くからその土地に根付き、今も職人が手作りする伝統工芸品。おみやげ探しのご参考にどうぞ。

紀州漆器

大伝統工芸の一つで、福島県の会津塗、石川県の山中塗・輪島塗などとともに全国三大産地といわれ、和歌山県内でも特に海南市・黒江地区で生産されている。

皆地笠

熊野参詣が盛んになった平安時代、身分の高低に関係なく熊野三山を目指す人々が愛用した。「貴賤笠」という名前だが、現在では産地の名を取って「皆地笠」とよばれる。

那智黒硯

熊野地方の特産・那智黒石を使用。緻密な石質と適度な硬度、「たまり」部分の美しいフォルムが好評で、愛硯家に珍重されている。

紀州雛

紀州漆器における漆塗りや蒔絵などの伝統的な技法を用いて作られる紀州雛。職人がひとつひとつ手作りしており、鮮やかな色合いと穏やかな表情が特徴。

保田紙

江戸時代から紙漉きが行われていた有田川地域。その品質の高さから紀州藩の御用花紙として用いられていたという。

和歌山の特産品

海山の自然に恵まれた和歌山には、本紙で紹介した醤油やカツオ以外にもおいしいものがたくさん。

梅

県南部の日高地方や西牟婁地方で古くから栽培されている、栽培面積・収穫量ともに日本一の特産地である梅。特に収穫量は全国の50%を超えるほど。

タチウオ

プリッと身が締まり歯ごたえのあるタチウオは、特に有田市の漁獲量が和歌山県下のおよそ80%を占めている。夏ごろが旬で刺身や天ぷらなどで食べることが多い。

みかん

「果樹王国わかやま」を代表する果物の一つ・温州みかん。小ぶりで甘みが強いのが特徴で、なかでも有田市の出荷量が多い。旬は11月。

紀州備長炭

高温で蒸し焼きにし、窯の外で灰をかけて消火するため、キメが細かく良質な炭になる。他の備長炭と差別化を図るため、「紀州備長炭」とよばれている。

イノブタ

雄のイノシシと雌のブタとの交配から昭和45年（1970）に生まれたイノブタ。コクのある脂肪と歯ごたえのある赤身が特徴。原産地はすさみ町。

ローカルキャラクター

和歌山には個性豊かなご当地キャラがたくさん。そのなかでも特に注目の濃厚キャラをご紹介します。

こうやくん

高野山開創1200年を記念して誕生したマスコットキャラクター。修行僧がモチーフ。高野山でのお祭りやイベント時に登場することもあるので要チェック。

ひねキング

歯ごたえがあってうま味のある肉が特徴の、橋本市の特産・ひねどりがモチーフ。黒いサングラスに卵のポーチをかけた独特のルックスが特徴のおばちゃん。

たなべえ

田辺市の魅力をPRしている。頭巾からはみ出す太いマユゲが特徴で、とても食いしん坊。地元食材を使った丼「あがら丼」や「たなべえサンド」が好物。

©T.M

なっちゃん

那智勝浦のマグロの出前解体ショー PRのイメージキャラクター。赤いハッピにねじり鉢巻き、小さなからだで大きなマグロを解体する勇ましい女の子。

八咫之助・八咫姫
（やたのすけ・やたひめ）

熊野本宮をPRするキャラクター。八咫の火祭りなどのお祭りや全国各地でPRに飛び回る働き者でとても仲良し。八咫烏がモチーフ。

©本宮町商工会

旅のエトセトラ●南紀・熊野古道・白浜の知っておきたいあれこれ

南紀北部

0　　　　5km　Ｎ

大阪湾

御所市役所
桜井市
宇陀市街へ
桜井へ
31
宇陀市
河内長野市役所
千早赤阪村役場
葛城山
ロープウェイ
明日香村
竜門岳
▲904
宇賀神社
松阪斗へ
河内長野駅
上赤阪城跡
御所IC
高取町役場
37
28
166
河内長野市
葛城山
金剛山
1125
高天彦神社
一言主
神社
高取町
15
28
370
東吉野村
金剛山ロープウェイ
(廃止)
高取山
吉野町
東吉野村役場
1
高野線
310
高鴨神社
吉野路大淀iセンター
厳島神社
丹生川上神社
八幡神社
和
五條北IC
大淀町
大和上市駅
吉野町役場
370
吉野駅
吉野神社
岩湧山
897
北宇智駅
370
近鉄吉野線
大淀町役場
169
吉野ケーブル
吉野駅
白屋岳
571
五條IC
39
15
吉野温泉
川上村役場
橋本東IC
五条駅
下市町役場
48
湯盛温泉
高野口駅
橋本IC
五條市役所
五條市
下市温泉
309
川上村
169
24
橋本駅
隅田駅
下市町
百貝岳
169
橋本市役所
55
P91
168
吉野路黒滝
白銀山
20
黒滝村役場
黒滝村
杉の湯川上
大天井ヶ岳
▲1439
大普賢岳
1378
白髭岳
橋本市
370
九度山町役場
九度山・橋本
49
21
1719
稲村ヶ岳
山上ヶ岳
大迫貯水池
2
九度山町
入之波温泉
南海
天狗倉山
極楽橋駅
168
乗鞍岳
天川村役場
大普賢岳
高野山
P124·125
丹生神社
十津川街道
天の川温泉
1780
169
40
吉野路大塔
天川村
行者還岳
大台ケ原へ
53
309
金剛峯寺 P.80
銀谷
貯水池
弥山
1895
371
猿谷ダム
八経ヶ岳
1915
小処温泉
野迫川村役場
53
上北山村
野迫川村
荒神社
七面山
1619
仏生嶽
1805
吉野路上北山
上北山村役場
3
480
野迫川温泉
十津川
旭ダム
瀬戸ダム
釈迦ヶ岳
1800
坂本貯水池
高野龍神スカイライン
旭貯水池
谷瀬の吊橋
168
尾鷲北ICへ
伯母子岳
1344
風屋貯水池
下北山村
池原貯水池
169
田辺市龍神ごまさんスカイタワー P.94
涅槃岳
1376
薩摩檀山
1372
きなりの湯
奈良県
十津川村
168
下北山村役場
三重県
熊野市
田辺市
169
白見貯水池
龍神温泉
425
和歌山県
北山村
309
龍神温泉
湯泉地温泉
笠捨山
1353
滝神社
P92
371
牛廻山
1207
十津川村役場
十津川郷
168
425
熊野本宮へ
瀞峡へ
169
34
みなべICへ
十津川温泉
国道42号線へ

117

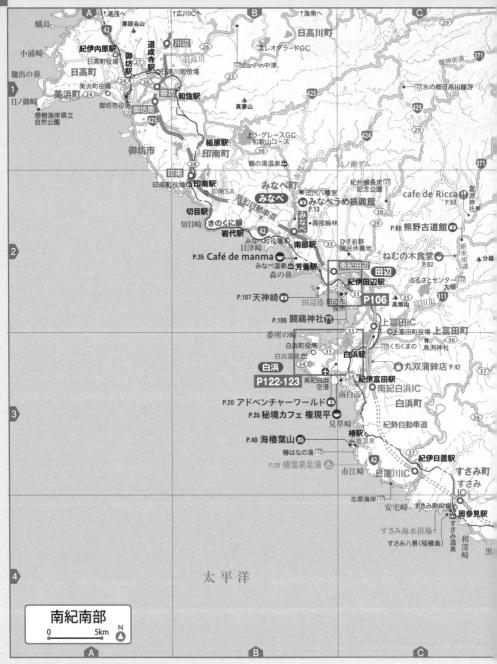

南紀南部

0　　　5km

P92 龍神温泉

奈良県
十津川村
高野山へ D
龍神温泉 P92

十津川村
龍神
丹生ノ川
冷水山 1262

熊野古道
中辺路 P.69
民宿ちかつゆ ひすいの湯
中辺路
野中の清水
奥熊野温泉 女神の湯
熊野街道 中辺路1
大塔山
箸折茶屋 P.68
熊野野菜カフェ P.62
古道歩きの里 ちかつゆ
ちかつゆ本館
田辺市立美術館分館
熊野古道なかへち美術館 P.68

P47

P120
P.51 瀞峡めぐり

奥熊野古道ほんぐう
P65

熊野本宮大社 P.46

湯ノ口温泉
熊野市
御浜町
神志山駅
紀伊市木駅
御浜町役場
伊勢本線
熊野川川舟センター
瀞峡街道熊野川
パーク七里御浜
紀宝町ウミガメ公園

熊野三山
紀宝町
P.52・55 熊野速玉大社
紀伊井田駅
鵜殿駅 七里御浜
新宮駅
P121下
新宮市
新宮南IC
三輪崎駅
新宮港 白須鼻

熊野那智大社 P.56・59
那智山 910
補陀洛山寺 P.68
那智勝浦町
那智勝浦IC
P121上
那智駅
宇久井駅
那智海水浴場
紀伊勝浦駅
勝浦温泉
P103
那智勝浦
湯川温泉
湯川駅
夏山温泉
太地駅 太地町
燈明崎

安川
富里温泉乙女の湯
田辺市
百間山 法師山
大塔山 1121
1122
大雲取山
新宮市
小雲取山

和歌山県

谷川ダム
371
善司ノ森山
七川ダム
古座川町
小匠ダム
瀧之拝太郎

梶取崎
山見鼻

38
36
371
39
道の駅イノブータンランド・すさみ
すさみ南IC
37
枚岩 一枚岩
月の瀬温泉
古座川町役場
紀伊浦神駅
虫喰岩
富久良門崎
荒船崎
紀伊田原駅
くしもと橋杭岩
橋杭岩 P.101
熊野灘

日本童謡の園
すさみほり
P.98 半潜水型海中観光船 ステラマリス
P.98 串本海中公園
P.100 串本応挙芦雪館
横島 双島
峯ノ山
卍光泉寺
弘法湯
重畳山
紀伊姫駅
42
田並駅
串本駅
稲村崎
串本町役場
串本儀平本店 P.101
喫茶yuyano P.101
樫野崎
樫野埼灯台 P.101
リゾート大島
くしもと大橋
紀州なぎさの駅 水門まつり P.101
潮岬灯台 P.100
串本
潮岬 P.100

熊野三山

0 — 2km

太平洋

田尻クズレ鼻

阪田鼻

島島

歓喜神社

阪田公園

江津良海水浴場

阪田

P.26 京都大学
白浜水族館
番所の崎
番所島灯台
P.27 南紀白浜グラスボート
臨海港

臨海（円月島）

江津良
町立総合体育館

阪田山

臨海浦海水浴場

P.33 伊勢海老・活魚料理 珊瑚礁
P.26 円月島
グラスボート

臨海湾

藤九郎神社
サンセットベイ
（観光案内所）

白浜第一小

ホテル川久 P.40

瀬戸の浦
ミルク＆ビアホール
九十九 P.42
大皿惣菜 まある
P.29 御船足湯
P.29 松乃湯
P.41 紀州・白浜温泉むさし

東白浜

月崎

バスセンター
琵楽 P.33
福重 P.32
旭ヶ丘
常喜院
消防署前
常喜院下

鍋不知

CHOUETTE
D'OR P.42 馬見崎

桟橋

柳橋足湯
白浜桟橋

海の雑貨屋 Sea Birth P.36

福菱 P.36

権現崎
P.28 白良湯
P.27 cafe ZIN
P.26 白良浜
鉛山湾
P.42 ビーチヨガ体験
P.29 つくもと足湯 P.42 大衆酒場 長久
ホテル三楽荘

白良浜

嘯鯛神社
白浜局
白浜町

垣谷
大浦

大浦

福菱 Kagerou Cafe P.34
白浜 古賀の井
リゾート＆スパ P.41
白浜彩朝楽

寿司割烹 幸鮨 P.32
走り湯

白浜中
白浜エネルギーランド P.27

大浦

湯宿 長生庵
古賀浦

霊泉橋東詰

寒サ浦

南紀白浜マリオットホテル
P.42 CLUB・CARIBBEAN
P.31 フィッシャーマンズワーフ白浜
P.28 崎の湯
白浜海中展望塔
P.38 SHIRAHAMA
KEY TERRACE
HOTEL SEAMORE

白浜町役場

白浜温泉旅館協同組合 P.29

活魚・鍋料理 風車 P.42

白浜スカイライン

太刀ヶ谷神社

立ヶ谷

寒サ浦

和歌山県
白浜町

新湯崎
金徳寺
妙経寺白浜別院

来迎寺

白浜第二小

山神社
白浜光寺

金閣寺

馬ノ一原

いけす円座
P.33
浜千鳥の湯 海舟
P.38
千畳敷
P.27
千畳敷

THE Hills 白浜 P.41
カフェラウンジパシフィック P.35
INFINITO HOTEL&SPA 南紀白浜 P.39
Café ペトラの里 P.35
平草原 P.42
白浜GC

白浜民俗温泉資料館

展望台下

千畳口

瀬戸崎
南紀白浜温泉 湯快リゾートプレミアム
ホテル千畳 P.39

紀州博物館

南千畳
のんびりじゃ
福亀堂三段店
P.37
大崎
三段壁

TSUMUGI CAFE P.34

白浜署

空港口

白浜署

空港口

P.27 三段壁・
三段壁洞窟
三段壁

緑光台

研修道場前

白浜

0　　300m
徒歩約5分　Ｎ

南紀白浜空港

白浜空港

梶原島

P.33・37 ナギサビール

白石権南

梶原谷川
三段

田辺へ↑

D
E
F

田ノ崎

田辺湾

池田湾

1

新庄第二小

田辺市

山祇神社

羽山ノ鼻

P.31

南紀白浜GC

藤島

長崎の鼻

P.31 カタタの釣堀

中池

紀伊田辺駅へ→

国道42号へ→

2

大池

P.30 木と水と土と

P.30 海鮮寿司 とれとれ市場 P.30

P.30-37 とれとれ市場

とれとれ亭 P.30

厳島神社

31

とれとれ市場前

とれとれヴィレッジ

31

細野

31

藤島北

藤島

空港入口

桃の木

パンダヴィレッジ P.31

天狗谷

ブランシェット
南紀白浜

桃ノ木峠

西越

31

車庫前

福梅本舗 P.36

堅田

白浜駅

3

はま乃 P.37

白浜駅

白浜駅

214

駅レンタカー
白浜営業所

白浜駅前局〒

平

33

大坪町内会館

き
の
く
に
線

堅田八幡神社

聖福寺卍

エクシブ白浜
エクシブ白浜

P

福原產業前

堅田南

アドベンチャーワールド

エクシブ白浜アネックス

アドベンチャーワールド
P.20

堅田第二保育園

4

支所前

西富田小

三ツ池

権現谷

212

栄

美術陶器
紀州焼葵窯窯元

214

富田川

34

才野

才野

D
E
F

34

南紀白浜ICへ

周参見駅へ→

国道42号へ→

高野山

0　　　　200m
徒歩約4分　N

奥之院 奥之院 P.78

燈籠堂 P.78

霊元天皇歯塔

P.78 御廟橋

織田信長供養塔
P.79

豊臣家墓所
P.79

P.79 一番石

化粧地蔵

英霊供養堂忠霊殿

転軸山森林公園

転軸山公園

転軸山

転軸山公園前

森林学習展示館

高野山中之橋霊園
中之橋霊園

高野山森林公園

鴬谷

和歌山県
高野町

明智光秀供養塔

姿見の井戸・汗かき地蔵 P.79

武田信玄・勝頼供養塔
P.79

奥之院参道

奥の院前

高野山宿坊協会
中の橋案内所

法徳堂

橋本へ→

高野山商工会館

遍照光院

香老舗 高野山大師堂 P.86

ことぶき食堂 P.83

玉川通

光木阿字館 P.85

一の橋 P.79

玉川通

天風てらす P.94

蓮華谷

清浄心院

宿坊
地蔵院

赤松院

一の橋口

高野山

中の橋

御殿川

苅萱堂前

正覚院

熊谷寺

光海珈琲 高野山本店 P.94

恵光院 P.85

明遍通

明遍集会所

大明王院 P.83

苅萱堂
P.81

高野山会館

高野山下水処理場

高野龍神スカイライン

龍神へ→

INDEX さくいん

観光見どころ 寺院 神社 プレイスポット レストラン・食事処 カフェ・喫茶 居酒屋・BAR

🛍 みやげ店・ショップ　🏠 宿泊施設　♨ 立ち寄り湯、スパ

南紀白浜
熊野古道 高野山
関西❺

2023年10月15日初版印刷
2023年11月1日初版発行

編集人：平野陽子
発行人：盛崎宏行
発行所：JTBパブリッシング
　　　　〒135-8165
　　　　東京都江東区豊洲5-6-36 豊洲プライムスクエア11階

編集・制作：情報メディア編集部
編集スタッフ：中村紘
取材・編集：K&Bパブリッシャーズ
杏編集工房／クエストルーム／これから
坪倉希実子／服部生美／柴山小枝／福尾こずえ／山根由美
小林和美／竹田亮子

アートディレクション：APRIL FOOL Inc.
表紙デザイン：APRIL FOOL Inc.
本文デザイン：APRIL FOOL Inc.
K&Bパブリッシャーズ／ジェイヴィコミュニケーションズ
イラスト：平澤まりこ
撮影・写真：クエストルーム／榎木勝洋／田村和成／佐藤純子
古石洋平／瀧本峰子／篠原沙織／井原完祐／PIXTA
(公社) 和歌山県観光連盟／関係各市町村観光課・観光協会・施設
地図：ゼンリン／千秋社／ジェイ・マップ
組版・印刷所：TOPPAN

楽しい旅へ
出かけよう♪

編集内容や、商品の乱丁・落丁の
お問合せはこちら

JTB パブリッシング お問合せ

https://jtbpublishing.co.jp/
contact/service/

本書に掲載した地図は以下を使用しています。
測量法に基づく国土地理院長承認 (使用) R 2JHs 293-1524号
測量法に基づく国土地理院長承認 (使用) R 2JHs 294-669号

●本書掲載のデータは2023年8月末日現在のものです。発行後に、料金、営業時間、定休日、メニュー等の営業内容が変更になることや、臨時休業等で利用できない場合があります。また、各種データを含めた掲載内容の正確性には万全を期しておりますが、お出かけの際には電話等で事前に確認・予約されることをお勧めいたします。なお、本書に掲載された内容による損害賠償等は、弊社では保障いたしかねますので、予めご了承くださいますようお願いいたします。●本書掲載の商品は一例です。売り切れや変更の場合もありますので、ご了承ください。●本書掲載の料金は消費税込みの料金ですが、変更されることがありますので、ご利用の際はご注意ください。入園料などで特記のないものは大人料金です。●定休日は、年末年始・お盆休み・ゴールデンウィークを省略しています。●本書掲載の利用時間は、特記以外原則として開店 (館) ～閉店 (館) です。オーダーストップや入店 (館) 時間は通常閉店 (館) 時刻の30分～1時間前ですのでご注意ください。●本書掲載の交通表記における所要時間はあくまでも目安ですのでご注意ください。●本書掲載の宿泊料

金は、原則としてシングル・ツインは1室あたりの室料です。1泊2食、1泊朝食、素泊に関しては、1室2名で宿泊した場合の1名料金です。料金は消費税、サービス料込みで掲載しています。季節や人数によって変動しますので、お気をつけください。●本誌掲載の温泉の泉質・効能等は、各施設からの回答をもとに原稿を作成しています。

本書の取材・執筆にあたり、
ご協力いただきました関係各位に厚くお礼申し上げます。

おでかけ情報満載　https://rurubu.jp/andmore/

233225　280322
ISBN978-4-533-15556-7　C2026
©JTB Publishing 2023
無断転載禁止　Printed in Japan
2311